Schon wieder Montag ...

■ *Kirsten Khaschei*, Diplom-Psychologin, war mehrere Jahre Redakteurin bei *Brigitte* und *Brigitte Young Miss*, später Redaktionsleiterin bei *brigitte.de*. Seit 2002 arbeitet sie als freie Journalistin und Buchautorin. Sie ist verheiratet und lebt mit Mann und Tochter in Hamburg.

Kirsten Khaschei

Schon wieder Montag ...

50 Ideen, mit denen Sie den Jobfrust überwinden

Campus Verlag
Frankfurt/New York

Bibliografische Information der Deutschen Nationalbibliothek.
Die Deutsche Nationalbibliothek verzeichnet diese Publikation in der Deutschen Nationalbibliografie; detaillierte bibliografische Daten sind im Internet unter http://dnb.d-nb.de abrufbar.
ISBN 978-3-593-38510-5

Umschlaggestaltung: R.M.E, Roland Eschlbeck und Rosemarie Kreuzer
Umschlagmotiv: © plainpicture
Satz: Campus Verlag GmbH, Frankfurt am Main
Druck und Bindung: Druck Partner Rübelmann GmbH, Hemsbach
Gedruckt auf säurefreiem und chlorfrei gebleichtem Papier.
Printed in Germany

Besuchen Sie uns im Internet: www.campus.de

Inhalt

Immer wieder montags …

Ab Sonntagnachmittag sinkt die gute Laune kontinuierlich gegen null: Kann es wirklich sein, dass morgen schon wieder Montag ist? In Gedanken gehen Sie die Aufgaben durch, die Sie am folgenden Tag erwarten: Mails, Telefonate, Meetings – die innere To-do-Liste wird immer länger und drückt unangenehm auf die Stimmung. Man quält sich durch den Abend, die schlechte Laune bleibt trotz allerbester Vorsätze – und dann ist er da, der Montagmorgen, und mit ihm der geballte Frust: »Ich muss in die Firma.«

Montagsblues

Die plötzliche unromantische Erkenntnis, dass das schöne Wochenende vorbei ist, kann jeden erwischen. Der »Montagsblues« ist berufs- und branchenübergreifend. Falls auch Sie zu den Menschen gehören, die sich montagmorgens schlecht gelaunt aus dem Haus schleppen, können Sie sich in Zukunft mit einer Tatsache trösten: Sie sind nicht allein! Montag für Montag müssen aufs Neue sehr viele Leute sehr tapfer sein, um den Kampf gegen das Stimmungstief zum Wochenanfang aufzunehmen.

In einer Umfrage des Online-Marktforschungsinstituts »Ears and Eyes« teilten 79 Prozent der Befragten mit, »Montagmorgenmuffel« zu sein. Jeder Achte hielt sich sogar für nur eingeschränkt kommunikationsfähig, wenn er das Büro nach dem Wochenende wieder betritt. Eine Online-Umfrage des Karriereportals »Monster« unter 1420 Besuchern der Webseite ergab, dass sich etwa die Hälfte aller Befragten montags stets unwillig an den Arbeitsplatz quält.

Kein Wunder, denn insgesamt könnte es um die Arbeitszufriedenheit in deutschen Büros und Firmen viel besser bestellt sein. Eine Studie des Gallup Instituts, einem internationalen Beratungsunternehmen, aus dem Jahr 2006 zeigt: Die meisten deutschen Beschäftigten (68 Prozent) sind unglücklich mit ihrem Job, fühlen sich emotional kaum an ihre Firma gebunden und machen deshalb tagein, tagaus nicht mehr als Dienst nach Vorschrift. Gut ein Fünftel (19 Prozent) befindet sich sogar im Zustand der inneren Kündigung und sabotiert deshalb aktiv die Interessen des Arbeitgebers. Das heißt: Von den insgesamt 35 Millionen abhängig Beschäftigten in Deutschland sind – zumindest statistisch gesehen – nur 13 Prozent zufrieden mit ihrem Job und arbeiten gern.

Das hängt vielleicht auch damit zusammen, dass sich die Berufsvielfalt in den vergangenen Jahrzehnten stark zurückentwickelt hat: Zwei Drittel aller bundesdeutschen Arbeitnehmerinnen und Arbeitnehmer sind heute in Büros tätig und richten dort von montags bis freitags ihre Konzentration unermüdlich auf einen oder sogar mehrere Bildschirme, umgeben von Telefon und Faxgeräten, Druckern oder Scannern – und klicken sich dabei durch Berge von E-Mails und Dokumenten, neben sich stapelweise Akten.

Ist es da nicht nachvollziehbar, wenn man am Montagmorgen nach Wochenende und Sonnenschein ein Problem damit hat, sich wieder klaglos in das monotone Setting aus Büroarbeit, Bildschirm und Kunstlicht einzufügen? So gesehen ist der Montagsblues doch eigentlich sogar eine recht vitale Regung. Ein Aufbäumen zum Wochenstart, das zeigt, dass man weit davon entfernt ist, sich dem Schicksal zu fügen – und noch mehr vom Leben erwartet!

Schließlich ist der Montag nicht einfach ein Tag wie jeder andere: Laut DIN ISO 8601 ist er in den meisten europäischen Ländern als der erste Tag jeder neuen Woche definiert – ein Standard der Internationalen Organisation für Normung beziehungsweise der International Organization for Standardization (Abkürzung ISO), die Datumsformate und Zeitangaben beschreibt und Empfehlungen für deren Umsetzung ausspricht (zum Beispiel für die Schreibweise der Uhrzeit 08:53:10). Diese Formate sollen vor allem im wissenschaftlichen Bereich zum Einsatz kommen, aber auch in der Software-Entwicklung oder internationalen Korrespondenz, um Fehler durch länderspezifische Formate zu vermeiden.

Nach jüdischer und christlicher Tradition beginnt die Woche dagegen mit dem Sonntag – so wie heute noch in den USA. In den arabischen Ländern fängt sie bereits am Samstag an, da dort der Freitag unserem Sonntag entspricht.

In der ISO 8601 ist auch festgelegt, dass bei uns jeden Montag beziehungsweise nur montags eine neue Kalenderwoche beginnt, selbst dann, wenn ein neues Jahr anfängt. Dadurch ist geregelt, dass jedes Jahr exakt entweder 52 oder 53 Kalenderwochen hat und dementsprechend auch genau 52 oder 53 Montage, an denen wir uns vom schönen Wochenende wieder auf die Arbeit umstellen müssen – mehr oder weniger erfolgreich. Statistiken zeigen zum Beispiel, dass Arbeitsunfälle vermehrt an Montagen auftreten, die Unfallschwere allerdings geringer ist als an den anderen Wochentagen (die schwersten Arbeitsunfälle passieren an Samstagen). So schlimm ist der Montag also gar nicht ...

Montagsfeeling

Vielleicht haben Sie auch schon einmal festgestellt, dass sich nicht jeder Tag der Woche gleich »anfühlt«. Mit bestimmten Tagen verbinden wir bestimmte Gefühle und Vorstellungen – auch, wenn wir im Alltag meist nicht weiter darüber nachdenken. So wird der Montag von vielen Leuten mit einer gewissen Härte, Schwere und Melancholie zum Wochenanfang verbunden, aber auch mit Mängeln aller Art. Autos, die von Anfang an nicht richtig funktionieren und immer wieder in die Werkstatt müssen, werden zum Beispiel »Montagswagen« genannt.

Auch Chefinnen und Chefs sehen wir montags oft mit anderen Augen, wenn sie uns mit ihren Ansagen und Wünschen auf den Wecker gehen. Eine Umfrage der Gesellschaft für Erfahrungswissenschaftliche Sozialforschung in Hamburg ergab, dass sich 42 Prozent der Frauen und 36 Prozent der Männer zum Wochenanfang am Arbeitsplatz von ihren Vorgesetzten genervt fühlen.

Den Mittwoch verbinden alle, denen das Arbeitsleben gerade nicht so leicht von der Hand geht, mit dem erleichterten Gefühl eines Bergfestes (»Wie gut, die Hälfte ist schon geschafft, zum Glück ist bald wieder Wochenende…«). Den Freitag mag man einfach, weil er das Wochenende einläutet: Nur noch einen Tag arbeiten, dann hat man zwei Tage frei und kann tun und lassen, was man will.

Sonntags schließlich lockt das Glück: Sonntagskinder, die an diesem Tag geboren sind, sollen unter einem besonderen Schutz stehen. Und während wir an Samstagen häufig noch mit organisatorischen oder haushaltstechnischen Pflichten beschäftigt sind, haben wir am Sonntag endlich alle Zeit der Welt, um das Leben zu genießen und zu tun, wonach uns der Sinn steht.

Montagszeit

Mit dem Dolce Vita ist dann allerdings am Montagmorgen wieder Schluss. Eine neue Arbeitswoche beginnt, die Zeit ist wieder knapp – und jeder versucht auf seine Art, sich so gut wie möglich mit dieser Tatsache zu arrangieren.

Doch ob mit oder ohne Absicht: Manchmal schafft man es trotz bester Absichten nicht, zur rechten Zeit im Büro zu sein. Vor allem am Montag – dem Lieblingstag aller Zuspätkommer. Tröstlich: Laut einer Umfrage finden viele Chefs das nicht so dramatisch, solange die Arbeit gut gemacht wird. 10 Prozent der befragten Vorgesetzten sahen allerdings in einer ein- bis zweimaligen Verspätung bereits einen Kündigungsgrund.

Mit der Pünktlichkeit am Morgen haben es vor allem die Menschen schwer, die zu den Langschläfern gehören. Der Takt unseres Schlaf-Wach-Verhaltens wird nämlich durch bestimmte Gene beziehungsweise körpereigene Zeitmesser gesteuert, die in fast allen unseren Körperzellen schwingen. Das haben Wissenschaftler der Berliner Charité unlängst herausgefunden und dabei festgestellt, dass die innere Uhr der Langschläfer deutlich langsamer tickt. Sie läutet nämlich oft erst nach 25 Stunden einen neuen Tag ein und nicht bereits nach 24 wie bei den meisten anderen Menschen. Die innere Uhr typischer Frühaufsteher tickt dagegen im 23-Stunden-Rhythmus – deswegen sind Frühaufsteher am späteren Abend oft weder zum Ausgehen noch zum Wachbleiben zu motivieren. Wissenschaftler schätzen, dass bis zu einem Viertel aller Bundesbürger entweder ausgeprägte Frühaufsteher oder Langschläfer sind, und weisen darauf hin, dass sich der angeborene Biorhythmus nicht einfach umpolen lässt.

Eine Tatsache, die auch manchen Schülerinnen und Schülern zu schaffen macht. Denn wenn morgens um acht Uhr der Unterricht beginnt, ist die innere Uhr ausgeprägter Langschläfer noch auf Schlaf ausgerichtet. Darunter leidet auch ihre Leistung, wie der Leipziger Biologe Christoph Randler herausgefunden hat. Das Ergebnis seiner Untersuchung: Bekennende Frühaufsteher haben im Durchschnitt um eine halbe Note bessere Abiturzeugnisse als Langschläfer. Und das nicht etwa, weil Langschläfer weniger intelligenter sind, sondern weil ihre innere Uhr einfach nicht mit dem Stundenplan der Schule harmoniert.

Dieses Problem verfliegt leider nicht mit dem Schulabschluss: Auch viele Erwachsene müssen jeden Morgen mit ihrem Wecker kämpfen, weil sich ihre innere Uhr weder umstellen noch austricksen lässt. In Dänemark hat sich aus diesem Grund sogar ein Verein gegründet, der gegen die normalen Arbeitszeiten kämpft – die B-Society (*www.b-society.org*).

Gründerin Camilla Kring ist davon überzeugt, dass jeder Mensch das Recht haben sollte, im Einklang mit seinem individuellen Biorhythmus zu arbeiten. Die B-Society will Langschläfern mehr Respekt verschaffen und dafür sorgen, dass Arbeitszeiten flexibler werden. Erste Erfolge – nämlich spezielle Arbeitsverträge für Langschläfer mit Arbeitsantritt ab zehn Uhr – soll die Initiative bereits verbuchen können.

Montagsverletzlichkeit

Flexible Arbeitszeiten für Langschläfer und Montagsbrummler: eine prima Idee, denn wenn montagmorgens zu viele muffelige Leute aufeinandertreffen, kann die Stimmung am Arbeitsplatz schon ordentlich in den Keller gehen. Die einen fühlen sich vom Chef genervt. Andere leiden, weil sie in Gedanken noch bei ihrem Liebsten (oder ihrer Liebsten) sind, der (beziehungsweise die) in einer anderen Stadt arbeitet – und so ein »Montagsmorgentrennungsblues«, auch wenn er einen beinahe jede Woche wieder herausfordert, will auch erst einmal verdaut sein. Dann sind da noch die armen Kolleginnen und Kollegen, die am Montagmorgen am liebsten mit niemandem reden würden und einfach nur ihre Ruhe haben wollen, sich stattdessen aber im Büro die Wochenendgeschichten der anderen anhören müssen... Es ist also alles nicht so einfach mit dem ersten Tag der Woche.

Ist es da verwunderlich, dass montagmorgens bei vielen Menschen die Nerven blank liegen? Dass sie besonders empfindlich und verletzbar sind und oft nicht wissen, wo sie mit ihren Gefühlen hin sollen? Es gibt mehrere bekannte Songs, die uns an solchen Montagen direkt aus der Seele sprechen und denen wir uns vertrauensvoll hingeben können. Radiomoderatoren wissen das und spielen montagmorgens gern Hits wie »Manic Monday« von den Bangles, den »Stormy Monday Blues« von T-Bone-Walker oder »I don't like Mondays« von den Boomtown Rats. Anlass für den letztgenannten Song war übrigens nicht der ganz normale, vergleichsweise harmlose Montagsblues, sondern ein Schulmassaker in Kalifornien, das an einem Montag (dem 29. Januar 1979) geschah. Bei ihrer Festnahme soll die 16-jährige Amokläuferin auf die fassungslose Frage nach dem Warum (»Tell me why?«) geantwortet haben: »Weil ich Montage nicht mag« (»I don't like mondays«).

Dass die Montage in der zweiten Januarhälfte zu den schlimmsten Tagen des ganzen Jahres gehören, hat der britische Psychologe Dr. Cliff Arnall von der Universität Cardiff sogar mit einer wissenschaftlichen Formel beziehungsweise einer Regressionsanalyse ausgerechnet. Ob das tatsächlich Hand und Fuß hat und einfach so machbar ist, darüber streitet man in Fachkreisen, aber überzeugend klingt Cliff Arnalls Theorie auf jeden Fall.

Mit der Formel

$$\frac{[W + (D - d)] \times TQ}{M \times NA}$$

will er zum Beispiel für Montag, den 22. Januar 2007, den mathematischen Beweis erbracht haben, dass dieser Tag der deprimierendste des ganzen Jahres war. Was die Formel abbildet, ist die fiese Mischung aus Schmuddelwetter (W = Weather); Schulden (D = Debt) beziehungsweise der eigenen finanziellen Lage, die sich so kurz nach Weihnachten und Silvester desaströs darstellt und von der man obendrein noch das ausstehende Januargehalt (d) subtrahieren muss, auf dass man bereits verzweifelt wartet; multipliziert mit der Zeit, die seit Weihnachten verflossen ist (T= Time) und die einem just in der dritten Januarwoche besonders schmerzlich bewusst macht, dass die meisten guten Vorsätze, die man über die Feiertage für das neue Jahr gefasst hat, dahin sind (TQ = Time since failed Quit Attempt). Zu dividieren ist das Ganze durch die aktuelle Motivation (M = Motivation), die nach der Euphorie zum Jahresanfang doch wieder dem ganz normalen Alltagsgrauen zum Opfer gefallen ist, multipliziert mit dem Faktor NA (NA = The Need to take Action), also der Notwendigkeit, aktiv zu werden und sich auf etwas Schönes zu freuen, aber bis zum nächsten Wochenende, den nächsten Feiertagen oder dem nächsten Urlaub ist es noch lange hin … So gesehen: Was für ein Monat – und was für ein Montag!

Montagshoffnung

Hat man die fiesen Januarmontage erst einmal überstanden, kann einem eigentlich an allen anderen Montagen des Jahres kaum noch etwas Schlimmeres widerfahren. Okay, beim Blick auf den eigenen Kontostand zum Wochenanfang könnte man sich vielleicht an den Schwarzen Montag erinnert fühlen – jenen 19. Oktober 1987 –, an dem sich der erste Börsenkrach nach dem Zweiten Weltkrieg ereignete. Damals fiel der Dow Jones innerhalb eines Tages dramatisch ab (de facto kam es zum zweitgrößten Abrutsch innerhalb eines Tages seit Einführung des Dow-Jones-Index im Jahr 1896) und die Krise breitete sich im Nu auf alle wichtigen internationalen Handelsplätze aus.

Doch eigentlich sollte man sich zum Wochenanfang statt vom Schwarzen Montag lieber von der revolutionären Aufbruchstimmung der Montagsdemonstrationen in der damaligen DDR inspirieren lassen. Nur zwei Monate vor dem Fall der Berliner Mauer fand nämlich an einem Montag, dem 4. September 1989, in Leipzig die erste Montagsdemonstration statt.

Überzeugt davon, dass es Möglichkeiten geben musste, etwas an der eigenen unbefriedigenden Situation zu ändern, forderten die Teilnehmerinnen und Teilnehmer der Kundgebung unter dem Eindruck der Massenflucht vieler DDR-Bürger im Sommer 1989 vor allem Reisefreiheit. Nur einen Monat später, am 9. Oktober 1989, wollten bereits rund 70 000 Teilnehmer mit Transparenten und »Wir sind das Volk«-Rufen politisches Mitspracherecht, und Anfang November fand auf dem Berliner Alexanderplatz mit rund einer Million Teilnehmern die größte Demonstration in der Geschichte der DDR statt. Nur drei Tage später traten Regierung und Politbüro zurück, am 9. November 1989 wurde im Fernsehen vor laufenden Kameras verlesen, dass Privatreisen ins Ausland ab sofort problemlos beantragt werden können.

Zeigt das Beispiel nicht, dass man an Montagen eine Menge bewegen und aufbauen kann? Interessanterweise ist auch die Bundesrepublik Deutschland an einem Montag (am 23. Mai 1949) gegründet worden. Der Montag als Wochentag muss sich also so gesehen nicht länger vor allen anderen Wochentagen verstecken, sondern hat durchaus das Zeug dazu, als Erster jeder neuen Woche Signale zu setzen. Er scheint nicht ungeeignet, kleine oder größere Pläne zu schmieden, gute Vorsätze zu beschließen oder neue Ziele ins Auge zu fassen.

Und der Montagsblues? Der zeigt eigentlich nur, dass uns unser Leben nicht gleichgültig ist. Macht uns klar, dass wir irgendetwas unternehmen sollten gegen zu viel Langeweile und Routine. Dass es nicht in Ordnung ist, wenn der Job nur noch aus Stress und Frust besteht und wir rund um die Uhr, 24 Stunden lang funktionieren sollen – egal, an welchem Tag der Woche. Der Montagsblues zeigt uns, dass wir Träume haben. Wünsche. Und manchmal große Lust, aus unserem gewohnten Trott auszubrechen. Genau genommen gehören doch alle Menschen, die den Montagsblues kennen, zu den letzten großen Romantikern unserer Gesellschaft. Na dann – willkommen im Club!

Montagsaufbruch

Endlich wieder andere Montage! Eine Hoffnung, die absolut berechtigt ist. Etwas tun gegen den Frust am Wochenanfang, positive Energie tanken: Dabei möchte dieses Buch Sie unterstützen – sodass Ihre Montage nicht in Quälerei ausarten, sondern an neuer Qualität gewinnen.

Um den Gründen Ihres Wochenanfangsdurchhängers auf die Spur zu kommen, finden Sie im folgenden Kapitel (»Bin ich ein Montagsmuffel?«) einen Test, der die verschiedenen Aspekte Ihres Montagsblues in den Blick nimmt. Mithilfe der Auswertung können Sie sich Ihr persönliches Montagsblues-Profil erstellen –

und gezielt geeignete Maßnahmen für mehr Lebensqualität (nicht nur) am Wochenanfang finden. Denn im Anschluss an die Testauswertung sind speziell auf Ihre Themen abgestimmte Kurztipps zusammengestellt.

Die ausführliche Version der Kurztipps lesen Sie im Kapitel »50 Tipps zur Selbstmotivation«. Von kleinen Sofortmaßnahmen bis zur grundsätzlichen Umstellung verschiedener Verhaltensweisen finden Sie hier alles, was Ihren Montag wieder lebenswerter machen wird. Das Tippverzeichnis am Ende des Buches hilft Ihnen, Antworten auf bestimmte Themen zu finden – aber Sie können auch einfach durch die Seiten blättern und beim Stöbern auf überraschende Tipps stoßen, ganz wie es Ihnen gefällt.

Starten Sie nun Ihre Reise zu einem neuen, schöneren Montagmorgen mit dem Montagsmuffeltest.

Bin ich ein Montagsmuffel?

Lustlosigkeit, Nervosität, Gereiztheit – das Tief nach dem Wochenende hat viele Gesichter! Kennen Sie den Montagsblues? Und wenn ja, wie macht er sich bei Ihnen bemerkbar? Wie starten Sie in die neue Woche? Fühlen Sie sich ausgeruht und entspannt? Oder sind Sie empfänglich für schlechte Laune und Hektik im Büro? Auf den nächsten Seiten können Sie eine Bestandsaufnahme vornehmen.

Sie werden viele ganz unterschiedliche Fragen zu Ihrem Verhalten finden, die Sie mit »stimmt« oder »stimmt nicht« beantworten können. Lassen Sie sich dabei bitte nicht von Ihrem Wunschdenken leiten, sondern antworten Sie so, wie es Ihren momentanen Gewohnheiten und Ihrem aktuellen Tages- beziehungsweise Wochenablauf entspricht. Dieser Test basiert auf der Annahme, dass verschiedene Faktoren den Montagsblues beeinflussen. Und alle haben für das persönliche Verhalten gewisse Vor- und Nachteile, wie Sie im Testergebnis erfahren werden.

Die Auswertung kann Ihnen helfen, Ihren Montagsblues in seinen verschiedenen Facetten besser zu verstehen – vom Start in den Tag über berufliche Herausforderungen bis hin zu verschiedenen Motivationsfaktoren. Falls Sie Ihrem Montagsblues in Zukunft ein Schnippchen schlagen wollen, ist es gut zu wissen, aus welchen Faktoren er sich hauptsächlich zusammensetzt. Wichtig:

Es gibt bei diesem Test weder ein »gutes« noch ein »schlechtes« Ergebnis – vielmehr soll die Auswertung Sie darin unterstützen, den Start in die neue Woche besser in den Griff zu bekommen.

Testfragen: Stimmt? Oder stimmt nicht? ☒

Kreuzen Sie nun bei jeder der folgenden Aussagen an, ob sie (am ehesten) auf Sie zutrifft. »1« bedeutet: Stimmt, das trifft auf mich zu, »0« heißt: Nein, stimmt nicht, das trifft nicht auf mich zu.

		stimmt	stimmt nicht
W	Montags habe ich oft das Gefühl, regelrecht in die Woche hineinzustolpern.	☐ 1	☐ 0
G	Wenn der Wecker morgens klingelt, liege ich meistens noch im Tiefschlaf.	☐ 1	☐ 0
K	Mein Chef beziehungsweise meine Kollegen fallen mir teilweise furchtbar auf die Nerven.	☐ 1	☐ 0
R	Ich mache eigentlich fast jeden Tag das Gleiche.	☐ 1	☐ 0
L	Ich weiß schon nach einer halben Stunde im Büro nicht mehr, wo mir der Kopf steht.	☐ 1	☐ 0

Ü	Die Arbeitsbedingungen in unserer Firma sind belastend.	☐ 1	☐ 0
L	Die Nacht von Sonntag auf Montag schlafe ich oft nicht besonders gut.	☐ 1	☐ 0
S	Manchmal bin ich von mir selbst genervt.	☐ 1	☐ 0
G	Ich habe schon häufiger versucht, etwas gegen meine Müdigkeit im Job zu unternehmen.	☐ 0	☐ 1
W	Montagmorgens bin ich oft planlos.	☐ 1	☐ 0
K	Ich lasse mich teilweise bei der Arbeit viel zu schnell reizen oder ärgern.	☐ 1	☐ 0
L	Ich brauche einen gewissen Stresspegel, um richtig gut im Job zu sein.	☐ 0	☐ 1
K	Montagvormittags würde ich am allerliebsten mit niemandem reden.	☐ 1	☐ 0
R	Es fällt mir meist schwer, Entscheidungen zu treffen.	☐ 1	☐ 0

Ü	Wenn ich wenigstens wüsste, warum ich so viel arbeite.	☐ 1	☐ 0
S	Früher hatte ich mehr Lust auf meine Arbeit.	☐ 1	☐ 0
W	Bevor ich montags überhaupt richtig im Büro angekommen bin, will schon jeder irgendetwas von mir.	☐ 1	☐ 0
G	Ich liebe es, die Woche in Ruhe anzufangen, und stehe dafür auch gern etwas eher auf.	☐ 0	☐ 1
R	Ich beneide alle Leute, die einen spannenden oder aufregenden Beruf haben.	☐ 1	☐ 0
Ü	Manchmal habe ich das Gefühl, in Arbeit zu versinken.	☐ 1	☐ 0
G	Leider gelingt es mir viel zu selten, die Entspannung vom Wochenende erfolgreich in den Montag mit hinüberzunehmen.	☐ 1	☐ 0
S	Eigentlich gefällt mir mein Job.	☐ 0	☐ 1

R	Ich glaube, ich muss mich in meinem Beruf einfach mit den herrschenden Bedingungen abfinden.	☐ 1	☐ 0
S	Ich weiß, wofür ich arbeite.	☐ 0	☐ 1
R	Ich finde meine jetzige Arbeit furchtbar eintönig.	☐ 1	☐ 0
W	Oft schaffe ich es montagmorgens nicht einmal, zu Hause noch einen Tee, Kaffee oder Saft zu trinken.	☐ 1	☐ 0
Ü	Ich bin im Job eigentlich immer unter Druck.	☐ 1	☐ 0
K	Wenn ich es genau bedenke, wird bei uns in der Firma viel zu selten gelacht.	☐ 1	☐ 0
G	Ich mache während der Arbeit ab und zu eine Pause, um neue Kraft zu tanken – sei es an der frischen Luft oder indem ich mich ordentlich strecke.	☐ 0	☐ 1
R	Eigentlich habe ich in meinem Job noch nie etwas Überraschendes erlebt.	☐ 1	☐ 0

W	Montag ist für mich der schwerste Tag der Woche.	☐ 1	☐ 0
K	Ich habe öfter Streit, Reibereien oder Auseinandersetzungen mit meinen Vorgesetzten und/oder Kollegen und Kolleginnen.	☐ 1	☐ 0
R	In meinem Job läuft schon lange alles im immergleichen Trott.	☐ 1	☐ 0
Ü	Es gibt Tage, da fühle ich mich fast wie eine Marionette.	☐ 1	☐ 0
L	Gegen den alltäglichen Stress in meiner Firma habe ich so gut wie keine Chance.	☐ 1	☐ 0
W	Ich werde montags immer viel zu spät wach.	☐ 1	☐ 0
S	Irgendwie sind mir meine Neugier und Offenheit im Beruf abhandengekommen.	☐ 1	☐ 0
Ü	Leider habe ich die Organisation meines Jobs nicht selbst in der Hand.	☐ 1	☐ 0

K	Ich glaube, für meine Kollegen bin ich manchmal unerträglich.	☐ 1	☐ 0
W	Eigentlich hetze ich (montags) fast immer zur Arbeit.	☐ 1	☐ 0
G	Ich weiß nicht, woher die Kollegen ihre Kraft nehmen. Ich hänge – rein konditionsmäßig – im Büro teilweise wirklich in den Seilen.	☐ 1	☐ 0
R	Im Moment kommt mir mein Job besonders langweilig vor.	☐ 1	☐ 0
K	Büroklatsch und alberner Small Talk aller Art nerven mich.	☐ 1	☐ 0
L	Irgendwie werde ich bei der Arbeit ständig unterbrochen.	☐ 1	☐ 0
W	Montags bin ich grundsätzlich in Zeitnot.	☐ 1	☐ 0
Ü	Meine Arbeit kommt mir oft vor wie ein Riesenberg.	☐ 1	☐ 0
L	Schon ab Sonntagnachmittag werde ich nervös und muss an Montag denken.	☐ 1	☐ 0

G	Ich fühle mich montags einfach immer schlapp.	☐ 1	☐ 0
L	Kaum bin ich in der Firma, bricht eine Lawine an Arbeit über mich herein.	☐ 1	☐ 0
L	Zum Wochenanfang habe ich während der Arbeit oft ein mulmiges Gefühl.	☐ 1	☐ 0
W	Vor allem montagmorgens bin ich oft sehr schlecht gelaunt.	☐ 1	☐ 0
L	Manche Anforderungen meines Jobs sind so hoch, dass sie mir Angst machen.	☐ 1	☐ 0
G	Ich muss den ganzen Tag gegen meine Müdigkeit ankämpfen.	☐ 1	☐ 0
S	Bin ich erst mal in der Firma, läuft meine Arbeit eigentlich wie von selbst.	☐ 0	☐ 1
Ü	Ich weiß nicht, wie ich den Montag effektiv planen soll.	☐ 1	☐ 0

K	Ich warte jeden Montag schon darauf, dass es Freitag wird.	☐ 1	☐ 0
K	Die Stimmung in unserer Firma/an meinem Arbeitsplatz könnte besser sein.	☐ 1	☐ 0
G	Manchmal muss ich mich montags regelrecht zur Arbeit schleppen.	☐ 1	☐ 0
S	Ich weiß im Moment nicht so genau, was ich von meinem Job halten soll.	☐ 1	☐ 0
S	Ich hätte gern mal wieder so richtig Spaß bei der Arbeit.	☐ 1	☐ 0
R	Ich habe schon mal versucht, meinen Job umzuorganisieren und/oder interessanter zu gestalten.	☐ 0	☐ 1
S	Ich kann auch mal über mich lachen.	☐ 0	☐ 1
Ü	Ich bin jemand, der immer alles perfekt machen will.	☐ 1	☐ 0

Auswertung: Ihr Montagsblues-Profil

Übertragen Sie nun die Ergebnisse aus dem Test in die folgende Auswertungstabelle. Füllen Sie dafür für jede Frage, bei der Sie ein Kästchen mit einer 1 angekreuzt haben, neben dem jeweiligen Buchstaben ein Kästchen aus.

W	=	**Wochenanfang:** Wie starte ich in den Tag?									
G	=	**Gesundheit:** Wie fit fühle ich mich?									
K	=	**Kommunikation:** Wie gehe ich auf andere zu?									
R	=	**Routine:** Wie mache ich meine Arbeit?									
Ü	=	**Überforderung:** Wie groß ist der Druck im Job?									
L	=	**Leistung:** Wie hoch ist mein Stresspegel?									
S	=	**Spaß:** Wie steht's um meine Arbeitseinstellung?									

Wie Sie sehen, steht jeder Buchstabe für einen bestimmten Teil Ihrer Situation. Sie können nun an der Breite der Kästchenreihe ablesen, welche Faktoren Ihre Montage stark beeinflussen (mehr als fünf Punkte) und welche weniger stark (weniger als vier Punkte). In der folgenden Auswertung lesen Sie, welche Vor- und Nachteile die jeweiligen Faktoren für Sie in Job und Alltag bereithalten.

W = Wochenanfang – Ihr Thema: Der Start in den Tag »Verloren im Morgengrauen« – so oder ähnlich könnte das Motto lauten, mit dem Sie montags in den Tag und in die Woche starten. Meist werden Sie viel zu spät wach, geraten deswegen in Zeitnot und landen entsprechend schlecht gelaunt und planlos bei der Arbeit. Vermutlich haben Sie sich deshalb schon diverse Male vorgenommen, den Montag etwas entspannter und ausgeruhter anzugehen, haben vielleicht sogar schon das eine oder andere konkrete Rezept ausprobiert. Versucht, am Sonntagabend rechtzeitig ins Bett zu gehen. Die Kaffeemaschine oder die Teebeutel für den Morgen vorbereitet. Eventuell sogar überlegt, ein paar Gymnastik- oder Atemübungen zu machen.

Doch Ihr Lieblingsritual, welches Sie vor allem zum Wochenanfang voll Hingabe pflegen, ist das unermüdliche Drücken auf die »Snooze«-Taste Ihres Weckers, um noch ein paar kostbare Minuten länger im Bett liegen bleiben zu können. Umhüllt von der kuscheligen Bettdecke, die Sie angenehm warm und weich vor den Widrigkeiten der kommenden Woche schützt.

Und dann? Irgendwann ist die Zeit definitiv abgelaufen, beide Zeiger stehen auf Alarmstufe rot – und es ist wieder so weit: Sie kämpfen eine neue Runde gegen den verhassten Stress im Morgengrauen.

Ihre Stärke: Bei all dem Gehetze, das diese Strategie mit sich bringt – irgendwie schaffen Sie es ja doch immer, gewaschen, angemessen gekleidet und einigermaßen pünktlich in der Firma anzukommen. Das heißt: Wenn es wirklich sein muss, funktionieren Sie schnell und zuverlässig wie ein Uhrwerk. Das ist eine echte Ressource. Verschiedene Ideen für einen guten Start in die Woche finden Sie im Abschnitt »Wochenanfang: Wie Sie besser in den Tag starten« ab Seite 37.

Die Vorteile Ihrer derzeitigen Strategie: Sie schenken Ihrem Körper jede kostbare Minute, die dieser nach dem (anstrengenden?) Wochenende braucht.

Die Nachteile: Mit der dadurch entstehenden Hektik rauben Sie sich aber gleichzeitig auch wertvolle Energie, die Sie für einen guten Start in die Woche brauchen könnten.

G = Gesundheit – Ihr Thema: Ausbaufähige Fitness Schlapp, müde, abgeschlagen – Ihr Fitness-Barometer weist im Moment auf kleine oder große Tiefdruckgebiete zum Wochenanfang hin. Sie fühlen sich einfach nicht ausgeruht und entspannt, wenn am Montag die Arbeit wieder losgeht, stimmt's? Woran liegt das? Zu wenig Schlaf und zu viele Partys? Vielleicht ist Ihr Wochenendprogramm auf Dauer einfach zu anstrengend?

Es tut Ihnen bestimmt gut, wenn Sie Ihrem persönlichen Wohlbefinden etwas mehr Aufmerksamkeit schenken. Anknüpfungspunkte dazu gibt es mehr als genug. Überprüfen Sie doch einfach einmal, wie sorgfältig Sie sich im Moment ernähren. Wie sieht es aus mit Sport und Bewegung? Was tun Sie konkret, um sich nach der Arbeit zu entspannen? Und welche »Tankstellen« stehen für Sie von montags bis freitags sowie am Wochenende bereit, um Ihr persönliches Wohlgefühl mit neuer positiver Energie aufzuladen?

Antworten auf diese Fragen erhalten Sie, wenn Sie beispielsweise einmal eine Woche oder einen Monat lang ein »Fitness-Protokoll« schreiben, in dem Sie wie in einem kleinen Tagebuch vermerken, was Sie jeden Tag für Ihr persönliches Wohlbefinden getan oder erlebt haben. Dazu gehört neben der Bewegung natürlich auch die Ernährung.

Verschiedene Ideen für mehr Fitness und Wohlbefinden finden

Sie im Abschnitt »Gesundheit: Was Sie für Fitness und Wohlbefinden tun können« ab Seite 38.

Ihre Stärke: Wenn Sie selbst mit halber Kraft Ihren Job absolvieren – wie erfolgreich könnten Sie dann sein, wenn Sie wirklich ausgeruht wären?

Die Vorteile Ihrer derzeitigen Strategie: Sie beißen sich durch den Tag, auch wenn es Ihnen nicht so gut geht.

Die Nachteile: Wer sich müde und schlapp fühlt, braucht für alle Arbeiten doppelt so lange.

K = Kommunikation – Ihr Thema: Der Umgang mit anderen Vermutlich fänden Sie den Montag nur halb so schlimm, wenn Sie während der Arbeit einfach schweigen dürften und nicht mit Ihren Vorgesetzten, Kollegen oder Kunden kommunizieren müssten. Denn seien wir mal ehrlich: Die Stimmung in der Firma beziehungsweise in Ihrem Job könnte deutlich besser sein. Es gibt immer wieder Reibereien oder Auseinandersetzungen, vielleicht auch Missverständnisse.

Und Sie reagieren darauf mit Montagsmuffelei oder schlechter Laune. Sie ziehen sich lieber in Ihr Wochenanfangsschneckenhaus zurück, anstatt aktiv zu versuchen, etwas an der bedrückenden Situation zu ändern. Sie haben keine Lust auf dumme Sprüche oder platte Scherze, sind genervt von den anderen und warten eigentlich nur darauf, dass endlich wieder Freitag ist.

Das Tückische an diesem »Robinson-Gefühl« (dem Warten auf den Freitag) – man fühlt sich am Arbeitsplatz irgendwann genauso gestrandet und einsam wie Robinson auf seiner Insel. Die Frage, die sich jetzt als Nächstes stellt, lautet: Wollen und können Sie etwas daran ändern? Dann sollten Sie Ihr Kommunikationsverhalten einmal genauer unter die Lupe nehmen. Achten Sie darauf, mit wem Sie im Job sprechen – und wie. Werden freundliche Worte gewechselt? Wie ist die Gesprächsatmosphäre?

Verschiedene Ideen für eine bessere Kommunikation finden Sie im Abschnitt »Kommunikation: Wie Sie Stimmung und Verständigung am Arbeitsplatz verbessern« ab Seite 40.

Ihre Stärke: Auch wenn die Kommunikationsbedingungen im Job bei Ihnen im Moment offensichtlich viel zu wünschen übrig lassen – Sie halten durch!

Die Vorteile Ihrer jetzigen Strategie: Sie sind sensibel und haben die Stimmung, die um Sie herum herrscht, genau registriert.

Die Nachteile: Allerdings lassen Sie sich von dieser Atmosphäre im Moment eher einfangen, statt aktiv zu versuchen, etwas an der Stimmung zu verbessern.

R = Routine – Ihr Thema: Den Arbeitsalltag interessanter gestalten Ihr Testergebnis deutet darauf hin, dass Sie manchmal unter dem »Kaugummisyndrom« leiden. Hauptsymptom: das elende Gefühl, dass sich jeder Arbeitstag unendlich in die Länge zieht und das Wochenende einfach nicht näher rücken will.

Weitere Anzeichen: Man fängt langsam, aber sicher an, seine Umwelt, die Kollegen und Mitmenschen verzerrt wahrzunehmen und schlechter zu machen, als sie sind. Der nette, immer freundliche Pförtner? Mein Gott, der arbeitet nun wirklich schon seit Ewigkeiten für diesen Laden. Irgendwie öde! Der eigene Job, für den man sich täglich am PC krumm macht? Na ja! Diese vielen unerfreulichen Termine. Die Post. Die Ablage. Das alles klingt nicht nur extrem monoton, sondern das ist es auch.

Aber mal ehrlich: Der nette Herr am Empfang wird an Ihrem Kaugummigefühl nichts ändern können und Ihr PC ebenso wenig – auch wenn Sie beide noch so grimmig anschauen. Ändern kann dieses Gefühl nur ein Mensch auf der ganzen Welt, und das sind Sie! Wann soll es losgehen?

Verschiedene Ideen, um Ihren Arbeitsplatz interessanter zu machen, finden Sie im Abschnitt »Routine: Wie Sie Ihren Job interessanter machen« ab Seite 42.

Ihre Stärke: Sie kennen Ihre Arbeit mit allen dazugehörigen Aufgaben in- und auswendig.

Die Vorteile Ihrer derzeitigen Strategie: Sie sind erfahren und arbeiten effektiv und schnell (zumindest dann, wenn Sie es wollen) – Routine im Job kann Vorteile haben, wenn man es schafft, nicht darin zu erstarren.

Die Nachteile: LANGEWEILE – Sie sehen im Moment nur die negativen Seiten Ihrer Arbeitsroutine und leiden darunter.

Ü = Überforderung – Ihr Thema: Der Druck im Job Auch wenn Sie noch so viel arbeiten – es scheint so zu sein, dass Sie nie fertig werden! Ihr Pensum ist belastend, immer wieder sind Sie unter Druck. Kein Wunder, dass Sie da vor allem montags oft nicht wissen, was Sie zuerst tun sollen, und deshalb am liebsten die Segel streichen würden.

Doch heutzutage sind Belastbarkeit, Effektivität und Flexibilität gefragt wie nie zuvor, und wer jammert oder sich zu oft beschwert, hat es im Job womöglich bald noch schwerer. Also bleibt einem nichts anderes übrig, als den bitteren Geschmack von Druck am Montagmorgen einfach hinunterzuschlucken und weiterzumachen wie bisher.

Das Problem dabei: Die Anforderungen bleiben bestehen. Also probiert man mehr oder weniger erfolgreiche Strategien aus, um den Druck im Job besser zu bewältigen. Eine der ersten persönlichen Maßnahmen besteht meistens darin, sich selbst Überstunden zu verordnen, vielleicht sogar Arbeit mit ins Wochenende zu nehmen und eigene Interessen dafür zurückzustellen. Ein großer Fehler, denn damit streicht man genau die Aktivitäten zusammen, die so wichtig sind, das bedrückende Gefühl innerer Überlastung abzubauen – Sport, Entspannung und Bewegung zum Beispiel. Regelmäßige Pausen. Die ruhige Konzentration auf nur eine Sache.

Eine andere beliebte Strategie ist, zu versuchen, mehr Kontrolle über die Arbeit zu erringen: Leute unter Druck machen am liebsten alles allein, um unabhängig von anderen Menschen zu sein. Statt Unterstützung bei ihren Kollegen zu suchen muten sie sich noch mehr Arbeit zu und ignorieren damit ihre eigenen Gefühle von Belastung oder den Wunsch nach Solidarität. Zurück bleiben gereizte oder überarbeitete Einzelkämpfer, die montags mühsam wenigstens ein bisschen positiven Elan für die Woche zusammenkratzen müssen und nur einen Wunsch haben: dass möglichst schnell wieder Wochenende ist oder – noch besser – ein paar Urlaubstage in Sicht sind.

Anregungen, um den Druck im Job besser zu bewältigen, finden Sie im Abschnitt »Überforderung: Wie Sie den Druck besser in den Griff bekommen« ab Seite 43.

Ihre Stärke: Sie halten dem Druck (noch) tapfer stand – und dazu gehört schon einiges!

Die Vorteile Ihrer derzeitigen Strategie: Ihre Kollegen und Vorgesetzten werden Sie sehr schätzen, weil Sie unermüdlich arbeiten und fast immer funktionieren.

Die Nachteile: Sie haben noch nicht erkannt, dass Neinsagen und das Ansprechen von dauerhafter Überlastung beziehungsweise Überforderung auch echte Stärken sein können.

L = Leistung – Ihr Thema: Ihr Stresspegel Nervosität, Unruhe, Hektik: Je näher der Montagmorgen mit dem Startschuss für die neue Arbeitswoche rückt, desto aufgeregter und nervöser werden Sie – manchmal sogar schon ab Sonntagmittag. Gern würden Sie die stressigen Gedanken einfach beiseiteschieben, aber irgendwie gelingt Ihnen das nicht.

Wie auch, wenn die Arbeits- und Aufgabenlawine jede Woche aufs Neue über Sie hereinbricht? Schließlich ist es ja so, dass man gerade am Montagmorgen besonders empfindlich und angreifbar ist, dem Stress sozusagen schutzlos ausgeliefert.

Bis jetzt scheinen Sie noch nicht das richtige Mittel gefunden zu haben, um etwas dagegen zu unternehmen. Aber das kann sich ja ändern, denn es gibt viele konstruktive Stressbewältigungsstrategien – und bestimmt auch eine für Sie.

Verschiedene Ideen dazu finden Sie im Abschnitt »Leistung: Wie Sie Stress im Job positiv bewältigen können« ab Seite 45.

Ihre Stärke: Bis zu einem gewissen Level kann Stress das Leistungsverhalten absolut beflügeln.

Die Vorteile Ihrer derzeitigen Strategie: Stress macht im Kopf hellwach und handlungsbereit – wenn man ihn als positive Herausforderung betrachten kann.

Die Nachteile: Wenn Stress allerdings zum belastenden Dauerzustand wird, den man zunehmend als Bedrohung erlebt, raubt er einem Stück für Stück immer mehr Lebensfreude und kann wirklich krank machen.

S = Spaß – Ihr Thema: Ihre Arbeitseinstellung Was Sie im Moment von Ihrem Job halten sollen? Wenn Sie das selbst nur so genau wüssten ... Irgendwie ist wohl gerade einiges im Umbruch. Mal ist der Job ganz okay, dann wieder fragen Sie sich, warum Sie das eigentlich alles tun – und für wen. Gern hätten Sie mal wieder richtig Spaß bei der Arbeit, aber dazu fehlen Ihnen momentan eine gewisse Zielstrebigkeit und der nötige Elan.

Ihre größte Herausforderung in naher Zukunft sollte sein, zu überlegen, wie Sie Ihre Arbeitseinstellung wieder mit etwas mehr Enthusiasmus beleben könnten. Das gelingt Ihnen bestimmt, schließlich sind Sie ein fantasievoller Mensch.

Wie Sie wieder mehr Spaß bei der Arbeit entwickeln können, lesen Sie im Abschnitt »Spaß: Wie Sie wieder mehr Freude an der Arbeit haben« ab Seite 47.

Ihre Stärke: Weil Ihre Arbeitseinstellung im Moment gerade schwankend ist, sind Sie offen für neue Anregungen und Ideen.

Die Vorteile Ihrer derzeitigen Strategie: Sie hätten gern wieder mehr Spaß im Job – das ist ein konkretes, motivierendes Ziel!

Die Nachteile: Bis jetzt haben Sie sich eher Ihren wechselnden Launen hingegeben, statt konstruktiv zu überlegen, wie Sie Ihre Aufgaben positiv anpacken könnten.

Montagsblues: Gezielte Hilfe bei Ihren Themen

Was lässt Ihre Motivation zum Wochenanfang in den Keller gehen? Welche Faktoren machen Ihren Montagsblues gerade besonders schlimm? In der Testauswertung haben Sie erste Anhaltspunkte bekommen. Und nun? Sie können montags weiter muffeln – oder etwas ändern! Hier finden Sie speziell für Ihr Thema Vorschläge, eine Kurzfassung aus den 50 Tipps des folgenden Kapitels, damit Sie gezielt vorgehen können. So sehen Sie auf einen Blick, wie viele verschiedene Möglichkeiten es für Sie gibt, aktiv zu werden. Die ausführliche Version des Tipps finden Sie im Kapitel »50 Tipps zur Selbstmotivation«.

Wochenanfang: Wie Sie besser in den Tag starten

Manchmal steht man einfach mit dem linken Bein auf – aber wenn das jeden Montag der Fall ist, sollte man sich fragen, warum das so hartnäckig stattfindet. Und versuchen, ab sofort besser in die neue Woche zu kommen. Die folgenden Ideen können dabei helfen.

Tipp Nr. 1: Werden Sie in Ruhe wach

Planen Sie die ersten Stunden des Montags bewusst so, dass der Tag Ihnen bestimmt gefallen wird. Gehen Sie dabei mit System vor, dann kann nichts schiefgehen.

Tipp Nr. 2: Laden Sie die Sonne zum Wochenanfang ein

Die Morgensonne regt den Organismus an und hilft, das Schlafhormon Melatonin schneller abzubauen. Überlegen Sie, wie und wo Sie die

Sonne am besten treffen – und erleben Sie die besondere Atmosphäre des Tagesanbruchs.

Tipp Nr. 3: Schimpfen Sie sich Ihren Frust von der Seele

Manchmal muss man einfach nach Herzenslust fluchen und schimpfen. Am besten wird man gleich alle Klagen auf einmal los, solange man noch in den eigenen vier Wänden ist.

Tipp Nr. 20: Ziehen Sie Ihr Lieblingsoutfit an

Unmotiviert, lustlos – und dann steht man am Montagmorgen auch noch völlig ratlos vorm Spiegel und weiß ab-so-lut nicht, was man anziehen soll. Da hilft nur eins: ein Lieblingsoutfit, das man in solchen Fällen einfach aus dem Schrank holt.

Gesundheit: Was Sie für Fitness und Wohlbefinden tun können

Da kann man sich noch so viel vornehmen: Fühlt man sich körperlich gerade nicht wohl, fehlt einfach der nötige Elan. Mit den folgenden Ideen investieren Sie nachhaltig in Ihre Gesundheit.

Tipp Nr. 4: Tanken Sie neue Kraft mit guter Musik

Forscher haben herausgefunden, dass Musik sofort für gute Laune und mehr Energie sorgen kann, denn es gibt eine direkte Verbindung zwischen dem Hörnerv und unserem Gefühlszentrum, dem »Limbischen System«. Also: Welche Musik gefällt Ihnen?

Tipp Nr. 10: Arbeiten Sie im Einklang mit Ihrem Biorhythmus

Jeder Mensch hat eine Art innere Uhr, und die gibt vor, ob wir lieber früh oder spät aufstehen und wann wir am besten arbeiten können. Lernen Sie Ihren Chronotyp und Ihre persönliche Leistungskurve kennen.

Tipp Nr. 14: Pushen Sie sich mit einem Montagsmantra

Gedanken und Gefühle, aber auch gezielte Meditationen haben einen viel größeren Einfluss auf unsere Stimmung, als man bisher geglaubt hat. Mit einem Mantra kann man sich positiv auf den Montag einstimmen. Das muss nichts Esoterisches sein, versuchen Sie es zum Beispiel mit einem einfachen Satz: »Dieser Montag wird gut, alles wird gut.«

Tipp Nr. 17: Schlagen Sie Ihrer Schlappheit ein Schnippchen

Probieren Sie doch einfach mal verschiedene Übungen gegen die Tagesmüdigkeit aus. Garantiert bürotauglich – von Gesichtsgymnastik über Atemtechnik bis hin zu Akupressur.

Tipp Nr. 21: Gönnen Sie sich ein schönes Frühstück

Ein ordentliches Frühstück hebt den Blutzuckerspiegel, steigert die Leistungsfähigkeit des Gehirns – und regelmäßig frühstückende Menschen haben weniger Arbeitsunfälle.

Tipp Nr. 25: Tricksen Sie lästige Energieräuber aus

Negatives Denken und Grübelfragen aller Art können einem schon gleich am Montagmorgen jede Energie rauben – besser man weiß, wie man darauf verzichtet.

Tipp Nr. 39: Arbeiten Sie mit erhobenem Kopf

Ein ergonomischer Arbeitsplatz ist wichtiger, als Sie denken, denn Haltungsschäden können nicht nur müde und kaputt machen, sondern auch den Blutdruck in die Höhe treiben.

Tipp Nr. 45: Stellen Sie sich auf Ihren Mini-Jetlag ein

Meistens pflegen wir am Wochenende andere Einschlaf- und Aufwachzeiten als unter der Woche. Die Folge davon ist ein Mini-Jetlag zum Wochenanfang – und auf den stellt man sich am besten ebenso ein wie auf jeden anderen Jetlag beim Verreisen. Widerstand ist nämlich einfach zwecklos.

Kommunikation: Wie Sie Stimmung und Verständigung am Arbeitsplatz verbessern

Wer kann am Montagmorgen schon auf Knopfdruck fröhlich sein? Eben – so gut wie niemand. Trotzdem kann man das eine oder andere tun, um die Atmosphäre im Büro etwas zu entspannen. Hier sind ein paar Vorschläge.

Tipp Nr. 5: Stehen Sie zu Ihrem Montagsblues

Schlechte Laune? Wer im Stimmungstief auf Kollegen trifft, kann das auch ruhig mal mitteilen. Man muss sich ja nicht gleich komplett outen.

Tipp Nr. 6: Flirten Sie sich munter

Ob es ein Lächeln ist oder ein nettes Kompliment: Beim Flirten geht es eigentlich vor allem um Neugier und Offenheit. Das heißt: Man muss weder besonders schlagfertig noch cool sein noch ein »Montagmorgen! Mir ist alles egal«-Pokerface aufsetzen ... Einfach ausprobieren!

Tipp Nr. 18: Schluss mit dem Robinson-Gefühl, raus aus der Opferrolle

Kennen Sie das Robinson-Gefühl? Das sehnsüchtige Warten auf den Freitag ... Schluss damit! Es gibt keinen anderen Weg: Wer sich dauerhaft wie Robinson fühlt, muss das Problem anpacken. Worum Sie sich aktiv kümmern sollten, ist ein Feedback von Kollegen oder Vorgesetzten.

Tipp Nr. 32: Lachen Sie den Frust einfach weg

Lachen macht zufriedener und kreativer. Es kann die Angst vor neuen Situationen nehmen oder die Kontaktaufnahme und Kommunikation im Team erleichtern – der positive Effekt ist sogar wissenschaftlich belegt.

Tipp Nr. 37: Knüpfen Sie ein Montagsnetzwerk

Gerade bei Motivationstiefs ist es wichtig, gute soziale Beziehungen am Arbeitsplatz aufzubauen oder zu reaktivieren, falls man sie vernachlässigt hat. Hilfreich kann auch sein, sich einem bereits existierenden Netzwerk anzuschließen oder vielleicht sogar selbst ein kleines Netzwerk aufzubauen.

Tipp Nr. 38: Lassen Sie sich nicht provozieren

Wer sich am Wochenanfang am Arbeitsplatz genervt oder provoziert fühlt, sollte am besten innerlich auf Distanz gehen, statt sich auf einen Streit einzulassen. Gut, dass es verschiedene Möglichkeit gibt, diese innere Distanz herzustellen.

Routine: Wie Sie Ihren Job interessanter machen

Unterforderung und Langeweile am Arbeitsplatz gehören zu den wichtigsten Motivationskillern im Berufsalltag und können vor allem zum Wochenanfang jeden Elan ausbremsen. Aber was kann man dagegen tun? Hier sind fünf verschiedene Tipps.

Tipp Nr. 8: Überprüfen Sie, ob Sie noch zu Ihrem Job passen

Manchmal wächst man über die Anforderungen an seinem Arbeitsplatz hinaus, ohne das wirklich zu merken. Finden Sie heraus, ob das bei Ihnen vielleicht auch so ist – und wie Sie Ihre Situation verändern können.

Tipp Nr. 16: Tanken Sie Veränderungswillen

Wer etwas verändern will, muss neue Wege gehen, und das wird umso leichter, je aufmerksamer man den beabsichtigten Wandel gestaltet ...

Tipp Nr. 23: Schluss mit vorauseilendem Gehorsam

Oft halten wir uns im Job an ungeschriebene »Gesetze« oder Regeln, die wir irgendwann übernommen haben. Zeit, sich diese Regeln klarzumachen und sie zu hinterfragen. Überlegen Sie doch mal, ob Sie den Ihnen zustehenden Gestaltungsspielraum im Job wirklich voll ausnutzen.

Tipp Nr. 28: Gestalten Sie Ihren Arbeitsplatz arbeitsfreundlich

Wer montags in ein ordentliches, freundliches Büro kommt, dessen Gedanken können fließen, statt zu stagnieren. Lesen Sie, wie Sie Ihren Arbeitsplatz am besten aufräumen und einrichten, damit Kreativität und positive Energie in den optimalen Fluss kommen.

Tipp Nr. 40: Führen Sie ein Jobtagebuch

Wie soll man dem eigenen Job gegenüber objektiv bleiben, wenn einen der Montagsblues gerade so richtig beutelt? Abhilfe kann ein Jobtagebuch schaffen – das regelmäßige Schreiben erlaubt einen reflektierten Blick auf die eigene berufliche Situation und unterstützt so den inneren Klärungsprozess.

Überforderung: Wie Sie den Druck besser in den Griff bekommen

Wie soll da noch Freude aufkommen, wenn man sich am Arbeitsplatz dauerhaft überfordert fühlt? Eine Situation, die Sie auf jeden Fall mit einem oder mehreren der folgenden Tipps aktiv angehen sollten, um etwas daran zu ändern. Denn: Wer sich ständig unter Druck fühlt, ist schwer zu motivieren und kann sogar ernsthaft krank werden.

Tipp Nr. 9: Setzen Sie auf innere Ressourcen

Früher haben Mediziner und Psychologen vor allem erforscht, was Menschen krank macht. Heute untersuchen sie stattdessen, was Menschen besonders stark und gesund macht. Finden auch Sie möglichst viel über Ihre inneren Kräfte und Reserven heraus.

Tipp Nr. 19: Spielen Sie Montagsmaler

Und malen Sie sich in Ihrer Fantasie einmal ganz genau aus, unter welchen Umständen Sie sich am Arbeitsplatz wirklich wohlfühlen würden – dazu gibt es auch eine praktische Übung.

Tipp Nr. 30: Finden Sie die richtige Balance aus Druck und Belohnung

Zugegeben: Zu viel Druck erzeugt Stress, aber ganz ohne Druck geht es auch nicht! Die Kunst, sich selbst zu motivieren, besteht also darin, das für die erwartete Leistung optimale Erregungslevel herauszufinden. Dazu gibt es ein paar Tricks.

Tipp Nr. 35: Erkunden Sie, wer und was Sie anspornt

Welche Werte und Ideale halten Sie in Schwung und beflügeln Ihre Arbeit? Finden Sie Ihre Motivation heraus, um sie genauer zu erkunden. Denn Menschen sind vor allem dann zufrieden im Beruf, wenn sie ihre persönlichen Motive kennen und danach handeln.

Tipp Nr. 43: Setzen Sie sich klare Ziele

Wenn man nicht weiß, warum und auf welches Ziel hin man arbeitet, können sich sowohl Langeweile als auch Stress viel schneller in den Berufsalltag schleichen. Deswegen ist es wichtig, sich mit Kollegen oder Vorgesetzten über die Nah- und Fernziele der eigenen Arbeit zu verständigen, und zwar möglichst konkret.

Tipp Nr. 46: Perfektionismus ade

Perfektionismus erzeugt eine Menge Stress (weil man so gut wie nie fertig mit der Arbeit wird) und macht einsam (weil man anderen nicht zutraut, etwas so gut zu können wie man selbst). Wenn das nicht zwei einleuchtende Gründe sind, in Zukunft etwas gelassener zu werden ...

Tipp Nr. 49: Werfen Sie Ballast ab

Selbst wenn man längst weiß, dass man unter dem Job leidet, schafft man es häufig nicht, etwas zu ändern. Zu groß ist der Sog der Routine, oftmals verbunden mit dramatischer Zeitnot. Machen Sie trotzdem ernst – dieser Tipp hilft dabei.

Leistung: Wie Sie Stress im Job positiv bewältigen können

Umfragen zufolge leidet jeder zweite Beschäftigte in Deutschland am Arbeitsplatz unter Zeitnot und Stress. Besonders negativ auf die Motivation wirkt sich aus, wenn man das Gefühl hat, der ganzen Hetzerei hilflos ausgeliefert zu sein. Deshalb ist es wichtig, Stress nicht nur zu ertragen, sondern möglichst positiv damit umzugehen. Die folgenden Tricks können dabei helfen.

Tipp Nr. 12: Multitasking – aber bitte nur in kleinen Dosen

Am schnellsten ist, wer möglichst viel gleichzeitig erledigen kann? Irrtum! Mittlerweile wissen Psychologen und Neurowissenschaftler, dass Leute, die mehrere Dinge gleichzeitig tun, öfter Fehler machen – unser Gehirn ist der Doppelbelastung nämlich nicht gewachsen. Deshalb am besten immer alles schön der Reihe nach erledigen.

Tipp Nr. 24: Wie der nächste Montag ablaufen soll, bestimmen Sie

Kaum etwas ist so entscheidend für unser Wohlbefinden wie die Möglichkeit, selbstbestimmt über unsere Zeit und unseren Handlungsrahmen zu verfügen. Falls Sie die Kontrolle über Ihr Leben abgegeben haben, erobern Sie sie zurück!

Tipp Nr. 26: Werden Sie bei Stress aktiv

Stress kann verschiedene Ursachen und Auswirkungen haben. Deshalb lohnt es sich, das eigene Stressverhalten genauer unter die Lupe zu nehmen. Lernen Sie es kennen und finden Sie heraus, welche Entspannungsmethode gut für Sie geeignet ist, weil sie direkt an Ihrem Stressverhalten andockt.

Tipp Nr. 27: Dieser Tee macht gute Laune

Inspiriert von ihrem umfangreichen Wissen über wohltuende Heilkräuter hat die Kräuterfrau Simone Schalk eine Teemischung für Montagsmuffel kreiert, die motiviert, ausgleichend wirkt und gute Laune macht.

Tipp Nr. 29: Ein bisschen Aufregung und Angst gehören dazu ...

Erfahrungsgemäß sind es gerade die netten, rücksichtsvollen Menschen, die unter zu viel Aufregung oder Ängstlichkeit leiden. Viel eher als Draufgänger malen sie sich aus, welche katastrophalen Folgen ihr Verhalten haben könnte. Aber Studien zeigen auch, dass unsere Leistungen bei einem mittleren Angstlevel am besten sind – ein bisschen Aufregung ab und zu kann also durchaus für bessere Arbeitsergebnisse sorgen, solange dies nicht zum Dauerzustand wird.

Tipp Nr. 33: Es ist Ihre Zeit – nehmen Sie sie sich

Wie schafft man es, endlich einen Gang herunterschalten? Schwer genug ist es ja in unserer Turbo-Gesellschaft. Wer sich den eigenen Umgang mit der Zeit genauer anschaut, kann jedoch Ansatzpunkte finden. Denn der Trick, weniger gehetzt zu arbeiten, besteht darin, eigene Stärken und Schwächen zu kennen und dadurch zu wissen, wie man den daraus entstehenden Stress am besten von vornherein umschifft.

Tipp Nr. 42: Schlafen Sie gut in den Montag hinein

Manchmal will man sich besonders vorbereiten und ausgeschlafen und frisch in die neue Woche starten. Man geht deshalb extra früh ins Bett – und wälzt sich dann rastlos von einer auf die andere Seite. Experten raten: Es hilft eine besonnene Planung der nächsten Woche. Manchmal tut es auch eins der altbewährten Rezepte aus der Kneipp- oder Kräuterkunde.

Tipp Nr. 47: Checken Sie Ihr Arbeitstempo

Wie viel »Tempo« brauchen Sie am Montagmorgen, um sich bei der Arbeit wohlzufühlen? Fünf kurze Fragen – damit Sie überlegen können, ob Ihr Tagesablauf Ihrem Tempo entspricht und was Sie eventuell ändern könnten, damit es Ihnen besser geht.

Spaß: Wie Sie wieder mehr Freude an der Arbeit haben

Vergessen Sie mal für einen Moment Ihren Chef! Wenn jemand etwas an Ihrem Joballtag ändern kann, sind das in erster Linie Sie – denn Sie haben garantiert viel mehr Gestaltungsspielraum bei der Arbeit, als Sie denken. Am besten, Sie testen das mit den folgenden Tipps einfach einmal aus.

Tipp Nr. 7: Entdecken Sie die Kraft positiver Gesten

Ein kleines Lächeln kann Ihren Tag retten – sogar, wenn es zunächst künstlich ist. Denn beim Lächeln drücken bestimmte Muskeln auf unsere Nerven, und das wiederum löst einen angenehmen Zustand in unserem Körper aus. Amerikanische Psychologen haben herausgefunden, dass es noch mehr Gesten gibt, die uns guttun oder selbstsicherer machen.

Tipp Nr. 11: Suchen Sie sich Vorbilder

Mit einem positiven Bild vor Augen ist es einfacher, das eigene Verhalten zu ändern. Ein Tipp für die Suche: Vorbilder müssen nicht perfekt sein – »Nehmen Sie die Menschen, wie sie sind, andere gibt's nicht«, hat Konrad Adenauer mal gesagt.

Tipp Nr. 13: Mehr Spaß im Job durch das passende Team

Wer sich und seine Kollegen aufmerksam beobachtet, hat bestimmt schon festgestellt, dass es verschiedene Arten gibt, an eine Aufgabe oder einen Job heranzugehen. Grob lassen sich dabei vier Arbeitstypen unterscheiden – und Teams funktionieren am besten, wenn sie unterschiedlich besetzt sind.

Tipp Nr. 15: Die Sinnfrage – warum tun Sie das alles?

Die Logotherapie geht davon aus, dass alle Menschen Wesen auf der Suche nach Sinn sind. Ein lebenslanger Prozess, der niemals abgeschlossen ist, da es nicht nur den einen Sinn gibt, der uns von der Geburt bis ins hohe Alter begleitet und motiviert. Was ist für Sie jetzt, hier und heute sinnvoll?

Tipp Nr. 22: Seien Sie nett zu sich selbst, denken Sie positiv

Positives Denken schafft nicht einfach alle Probleme aus der Welt. Aber es hilft, anstehende Probleme lockerer zu bewältigen, es schafft ein hoffnungsfroheres Grundgefühl, eine gute Ausstrahlung – und es ist gar nicht so schwer, wie Sie vielleicht denken.

Tipp Nr. 31: Gestalten Sie Ihren Job abenteuerlicher

Glück bei der Arbeit zu empfinden ist etwas, das wir selbst positiv beeinflussen können, indem wir die Lust an inneren Abenteuern entdecken und kultivieren, das hat der amerikanische Glücksforscher Mihaly Csikszentmihalyi herausgefunden. Worauf warten Sie noch?

Tipp Nr. 34: Es könnte alles noch viel schlimmer sein

Montagmorgen, acht Uhr in Deutschland. Stellen Sie sich einmal vor, was einem montagmorgens theoretisch alles passieren kann. Ob mit oder ohne Montagsblues: Sie werden froh sein, dass Sie einfach nur zur Arbeit gehen müssen.

Tipp Nr. 36: Retten Sie Ihr Selbstbewusstsein

Leistungsmotivierte Leute schreiben ihre Erfolge vor allem sich selbst zu – und Misserfolge eher dem Pech oder den widrigen Umständen. Mit dieser Strategie kommt man auch über schwere Zeiten oder Durststrecken im Arbeitsleben hinweg.

Tipp Nr. 41: Ergreifen Sie Ihre Chancen

Nicht alle Menschen können attraktive Angebote und Chancen gleich gut erkennen und dann auch noch zugreifen. Es könnte also durchaus sein, dass Ihre Montage eigentlich gar nicht so schlimm sein müssten, aber Sie das einfach noch nicht bemerkt haben ...

Tipp Nr. 44: Entdecken Sie Ihre Neugier wieder

Die Natur hat uns Menschen ein fundamentales Bedürfnis nach Erfahrung und Weiterentwicklung geschenkt: Neugier ist ein guter Motor, um Neues zu entdecken, Probleme aufmerksam zu verfolgen oder anzupacken sowie Aufgaben mit Interesse wahrzunehmen und zu Ende zu führen.

Tipp Nr. 48: Nehmen Sie den Wochenstart möglichst leicht

Was an Ihrem Job macht Ihnen am meisten Spaß? Welche Arbeiten erledigen Sie besonders schnell und gut? Der Einstieg in die neue Woche gelingt besser, wann man als Erstes die Aufgaben erledigt, die einem leicht von der Hand gehen.

Tipp Nr. 50: Setzen Sie auf Montagslust statt Montagsfrust

Ungerechtigkeit, fehlendes Feedback oder falsche Erwartungen: Finden Sie heraus, was Sie am Arbeitsplatz besonders demotiviert – und reichern Sie den eigenen Job gezielt mit motivierenden Erfahrungen an, um wieder mehr Lust auf den Job zu bekommen.

50 Tipps zur Selbstmotivation

Tipp Nr. 1: Werden Sie in Ruhe wach

Sechs Uhr fünfzehn. Der Wecker klingelt, Sie quälen sich aus dem Bett. Kurz unter die Dusche, dann in die Küche, Frühstück machen. Vielleicht muss der Nachwuchs rechtzeitig in den Kindergarten oder die Schule, Sie und Ihr Partner oder Ihre Partnerin pünktlich zur Arbeit. Sie sind müde, jede Bewegung und jeder noch so knappe Satz kosten Sie enorm viel Kraft, die Sie so früh am Tag noch gar nicht aufbringen können. Nach dem gemütlichen Wochenende erwischt einen der Montagmorgen manchmal so unvermittelt wie der Strahl einer grellen Taschenlampe mitten ins Gesicht.

Kein Wunder, dass man sich da in die Enge getrieben fühlt. Und was macht man, wenn man mit dem Rücken zur Wand steht? Richtig, man tut aus Verzweiflung und Hilflosigkeit Dinge, die sonst kein normaler Mensch machen würde. Grummelt missmutig den oder die Liebste an seiner Seite an, schimpft mit den ebenfalls schlecht gelaunten Kindern oder dem armen Hund, hadert mit dem eigenen Schicksal und landet schließlich einigermaßen pünktlich, aber dafür umso genervter am Arbeitsplatz. *Willkommen in der neuen Woche!*

Um dem »Schon am Montagmorgen stehe ich mit dem Rücken an der Wand«-Gefühl zu entkommen, hilft nur eins: aktive Planung statt ohnmächtige Auslieferung an den üblen Montagsblues. Ihre erste Aufgabe: Überlegen Sie einmal, wie Sie normalerweise wach werden und in den Tag starten. Die folgenden Abschnitte zeigen Ihnen, wie Sie systematisch Ihren Montagmorgen durchgehen können und dann darüber nachdenken, was Sie ändern könnten, um in Zukunft zum Wochenanfang bessere Laune zu haben.

Wer startet mit mir in die Woche?

Sind Sie am Montagmorgen allein? Mit Ihrem Partner zusammen? Haben Sie Kinder, andere Familienmitglieder oder Haustiere zu versorgen? Was daran gefällt Ihnen? Und was nicht? Wie können Sie gegebenenfalls etwas an der Situation ändern? Stört es Sie zum Beispiel, dass es kein gemeinsames Frühstück gibt, dass jeder nur eine Tasse Kaffee im Stehen trinkt? Dann sprechen Sie es an, vielleicht geht es Ihren Familienmitgliedern ebenso.

Welche Aufgaben erwarten mich in der ersten wachen Stunde am Montagmorgen?

Und welche Wünsche, Sehnsüchte, Bedürfnisse stehen dem gegenüber? Alle Menschen sollten das Recht haben, die erste Stunde jedes neuen Montags so zu verbringen, dass sie bestmöglich in die neue Woche starten – auch Sie! Überlegen Sie deshalb, ob Sie wirklich all diese Aufgaben übernehmen müssen. Vielleicht können Sie manches, was Sie stört und belastet, ja auch anders organisieren (indem Sie zum Beispiel mehr Zeit einplanen, das Pensum für den Morgen zusammenstreichen und/oder teilweise auf den Sonntagabend verschieben). Gibt es Sachen, die Ihr Partner, Ihre Partnerin, vielleicht auch die Kinder übernehmen könnten?

Wo genau erschallt der Montagsblues?

Im Bad, wo Sie sich darüber ärgern, wie müde Sie noch aussehen? In der Küche, wo Sie gar nicht genug Heißgetränke wie Tee oder Kaffee zu sich nehmen können, um wach zu werden? In allen Räumen, weil Sie hektisch von einem Zimmer in das nächste rennen, um alles zusammenzusuchen, was Sie für den Start in die Woche brauchen? Im morgendlichen Berufsverkehr, wo Sie eng gedrängt in der U-Bahn stehen oder genervt im Stau stecken? Überlegen Sie auch hier, was Sie vor allem belastet, und wie Sie konkret etwas daran ändern könnten. Ist es vielleicht denkbar, früher zur Arbeit zu starten, um den Stau zu umgehen – und dafür in der Nähe des Arbeitsplatzes noch in Ruhe einen Kaffee trinken zu gehen? Eventuell sogar mit einer netten Kollegin, einem netten Kollegen zusammen?

Wann genau ist die kritische Zeitspanne?

Versuchen Sie, diese möglichst konkret einzukreisen. Solange Sie noch im Bett liegen und snoozen, ist die Welt doch bestimmt noch in Ordnung, oder? Wann fängt die schlechte Laune an? Beim Frühstück? Unterwegs? Mit dem Betreten der Firma? Und welche »Schlecht-Laune-Stopper« könnten Sie einbauen? Was müsste passieren, damit Sie wenigstens ein bisschen fröhlicher und unbeschwerter sein könnten? Vielleicht sind Sie genervt, weil immer Sie den Kaffee kochen – egal, wie spät Sie im Büro auftauchen? Ein möglicher »Schlechte-Laune-Stopper« wäre, sich einfach einen leckeren »Coffee-to-go« mitzubringen und die Kaffeeküche einfach mal einige Tage gar nicht zu betreten. Oder Sie regen sich über die vielen muffeligen Gesichter in Ihrer Firma auf? Stellen Sie sich vor, Sie sind im Kino und schauen eine amerikanische Filmkomödie: Die Casting-Direktorin hat bestimmt lange gesucht, bis sie solche Gesichter entdeckt hat … Eigentlich auch irgendwie ganz lustig, oder?

So steuern Sie dem typischen Montagmorgenverlauf entgegen

Nachdem Sie genau notiert haben, wie ein ganz normaler Montag bei Ihnen aussieht, wundert es Sie vielleicht gar nicht mehr, dass Sie mit einem anständigen Montagsblues darauf reagieren. Sie brauchen mindestens eine konkrete Aufmunterung, um den Montagmorgen besser zu überstehen. Was könnte Sie erfreuen?

Hier ist eine Liste verschiedenster Vorschläge, vielleicht ist ja die eine oder andere Idee für Sie dabei.

- Suchen Sie sich eine schöne Musik-CD aus, die Sie morgens hören.
- Kaufen Sie sich ein feines, besonders gut und anregend duftendes Duschgel für den Montagmorgen.
- Beschließen Sie, die Mittagspause mit einer netten Kollegin, einem netten Kollegen zu verbringen.
- Gönnen Sie sich ausnahmsweise ein Taxi zur Arbeit, um wertvolle Zeit zu sparen.
- Überlegen Sie, ob Sie sich nicht ab und zu montags einen halben Tag freinehmen können.
- Kaufen Sie sich zum Wochenende einen kleinen Blumenstrauß, den Sie am Montagmorgen mit zur Arbeit nehmen.
- Stellen Sie sich Ihren Wecker zehn Minuten früher als gewöhnlich und trinken Sie Ihren Kaffee oder Tee gemütlich im Bett, anstatt frierend in der Küche oder womöglich gar nicht.
- Kitzeln Sie Ihren Partner, Ihre Partnerin oder Ihre Kinder wach und verwickeln Sie sie in eine kleine Kissenschlacht.

- Kaufen Sie sich eine besonders schöne Teetasse oder lassen Sie sich einen lustigen Kaffeebecher für Morgenmuffel schenken.
- Hängen Sie einen kleinen Zettel an den Badezimmerspiegel, auf dem steht: »Der arme Montag ist doch auch nur ein Tag wie jeder andere …«

Tipp Nr. 2:
Laden Sie die Sonne zum Wochenanfang ein

»Nichts Süßres gibt es, als der Sonne Licht zu schaun«, wusste schon der große Dichter Friedrich Schiller. Eine Erkenntnis, mit der sich auch Anfälle von heftigem Montagsblues bekämpfen lassen. Besonders die Morgensonne regt nämlich den Organismus an und hilft, das beruhigende, müde machende Schlafhormon Melatonin schneller abzubauen. Die natürliche Sonnenbestrahlung wirkt auf unseren Körper wie eine Art Initialzündung für den neuen Tag.

Sie könnten also überlegen, welche Möglichkeiten es in Ihrem Schlafzimmer oder auch in Ihrer Wohnung gibt, ein kurzes morgendliches Sonnenbad zu nehmen. Vielleicht haben Sie ja Glück, und die Sonne scheint direkt auf Ihr Bett? Dann sperren Sie die Gute nicht länger mit dunklen Vorhängen oder Rollos aus, sondern lassen Sie das Morgenlicht herein. In alten Kulturen und bei vielen Naturvölkern spielt dies übrigens eine wichtige Rolle. So haben die Navajo-Indianer in Amerika ihre traditionellen Hogans, in denen sie früher lebten, immer mit dem Eingang in Richtung Osten gebaut – der Morgensonne entgegen.

Der Osten mit der Morgendämmerung gilt auch heute bei den Navajos noch als das Reich der »Early Morning Spirits«, die besonders offen für Gedanken und Wünsche aller Art sind. In den Morgenstunden sollen Hilfesuchende auch besonders intensiv spüren, wie sehr »Mutter Erde« und »Vater Himmel« jeden unterstützen, der sie braucht. So glauben die Navajos, dass man jeden Tag die Möglichkeit hat, neue Pläne zu schmieden, sich neue Ziele zu stecken, ja, sogar ein neues Leben zu beginnen. So weit müssen Sie ja beim Bekämpfen des Montagsblues nicht gleich gehen! Aber bestimmt unterstützen Sie die »Early Morning Spirits« darin, dem ungeliebten Montag mit mehr Optimismus entgegenzusehen.

Die Sonne scheint aber nicht in Ihr Schlafzimmer? Vielleicht gibt es in Ihrer Wohnung an einem Fenster ein helles Plätzchen, um sich dort für fünf Minuten niederzulassen – ob mit Kissen und Decke auf dem Fußboden oder gemütlich in einem dorthin geschobenen Sessel? Noch besser: einen Platz auf dem Balkon oder im Garten? Wer möchte, kann die anregende Wirkung des Lichts noch mit einem leckeren Saft oder einem duftenden Milchkaffee verstärken. So ein kleines Montagmorgenritual kostet Sie vielleicht zehn bis fünfzehn Minuten Zeit, die Sie früher aufstehen müssten, schenkt Ihnen dafür aber einen ordentlichen Zuwachs an Lebensqualität.

Verschiedene Studien sind zu dem Ergebnis gekommen, dass wir immer weniger Zeit finden, das direkte Tageslicht im Freien zu genießen: Etwa 80 bis 90 Prozent unserer Zeit verbringen wir im Durchschnitt in geschlossenen Räumen. Werden dann im Herbst die Tage kürzer, bekommen wir noch weniger Sonne ab. Doch das Licht steuert zwei für unseren Wach-Schlaf-Rhythmus besonders wichtige Hormone: den Müdemacher Melatonin und den Muntermacher Serotonin. Dass der Montagsblues von November bis Januar/Februar besonders unerbittlich zuschlagen kann, hängt unter anderem damit zusammen, dass sich durch den ständigen Lichtmangel unser inneres Gleichgewicht in Richtung Melatonin und damit hin zur Müdigkeit verschiebt.

Äußern sich Müdigkeit und Lustlosigkeit im dunklen Winter nicht nur montags, sondern jeden Morgen, und treten sie zudem auch noch gepaart mit Niedergeschlagenheit auf, so spricht man von »Winterdepressionen« – auch SAD-Syndrom genannt (»saisonal abhängige Depressionen«). Sie entstehen genau durch die eben beschriebenen biochemischen Zusammenhänge, mit denen unser Körper auf den Lichtmangel während der dunklen Wintermonate reagiert. Vielen Menschen hilft es in dieser Zeit, eine Lichttherapie zu machen, bei der das fehlende Tageslicht durch künstliches Licht ersetzt wird.

Tipp Nr. 3:
Schimpfen Sie sich Ihren Frust von der Seele

Manche Menschen muffeln am Montagmorgen Ihre Kollegen an, andere den Zeitungsverkäufer oder einfach jeden, der ihnen über den Weg läuft. Dabei kann doch wirklich niemand etwas dafür, dass heute schon wieder Montag ist! Was Verzweifelte brauchen, ist eine anonyme Anlaufstelle, um dort ihren geballten Frust loszuwerden. Einmal ordentlich schimpfen, meckern und klagen – schon sieht die nächste Woche wieder freundlicher aus.

Am besten, Sie suchen sich in Ihrer Wohnung eine Meckerecke, um dort alle negativen Gedanken abzuladen. Hier sind schon mal ein paar typische Montagmorgenklagen zur Einstimmung:

- Ich wollte nur mal sagen: Mein Job stresst mich am Montagmorgen total!!!!!!!!
- Und dann meine Kollegen – ich sehe sie schon wieder mit ihren Kaffeebechern miesepetrig aus der Küche kommen.
- Außerdem habe ich nicht die Bohne Lust, mir jetzt gleich ihre ganzen dämlichen Wochenendgeschichten anzuhören.
- Und mein Chef erst, der kann so verdammt unfair sein. Was er sich wohl diese Woche wieder alles einfallen lässt.
- Das Aufstehen heute war wieder die reinste Quälerei, ich habe überhaupt keine Lust heute. Warum kann meine Arbeit nicht erst mittags anfangen?
- So viel Arbeit für so wenig Geld. Kein Wunder, dass ich absolut lustlos bin.

- Montagvormittags hänge ich meist sowieso nur schlecht gelaunt an meinem PC herum und beantworte Beschwerde-Mails. ICH HASSE DAS!
- Warum kann ich nicht Hotelerbin sein? Ich beneide Leute wie Paris Hilton.
- Ich würde am liebsten alles in die Ecke schmeißen und diesen Planeten mit meiner öden Firma auf der Stelle verlassen.
- Wenn man in seiner Abteilung nur von unfähigen Typen umgeben ist, ist das wirklich zum Heulen.
- Wenn ich meinen Job denke, könnte ich gleich wieder unter die Bettdecke kriechen.
- Irgendwas ist ja immer! Entweder total viel zu tun – oder gar nichts. Und dann unsere Kunden ...
- Wie schön war das Wochenende, und jetzt fängt der ganze Stress wieder von vorn an.
- Das musste einfach mal gesagt werden!!!!

Jetzt sind Sie dran: Sprechen Sie aus, was Ihnen auf der Seele liegt. Meckern und schimpfen Sie einfach drauflos, was das Zeug hält. Zur Not können Sie die Klagen oben auch einfach übernehmen. Ob in einer Meckerecke oder unter der Dusche – laden Sie alle Montagmorgenärgernisse ab, denn was einmal laut ausgesprochen wurde, belastet innerlich gleich viel weniger.

Tipp Nr. 4:
Tanken Sie neue Kraft mit guter Musik

Manchmal ist der Montagsblues so heftig, dass man sich nach dem Wochenende fühlt, als halte man eine total verstimmte Gitarre in den Händen und sollte darauf nun ein fröhliches Wanderlied anstimmen, in das die Kollegenschar begeistert einstimmt ... Ein schrecklicher Gedanke! Es kann einen emotional ganz schön einschränken und abschotten. Um aus diesem Zustand wieder herauszukommen, gibt es ein einfaches, aber sehr hilfreiches Mittel: Musik!

Forscher haben nämlich herausgefunden, dass Musik sofort für gute Laune und mehr Energie sorgen kann, denn es gibt eine direkte Verbindung zwischen dem Hörnerv und unserem Gefühlszentrum, dem limbischen System. Allerdings: Irgendwelche Hintergrundmusik beim Frühstücken oder Autofahren zu hören, das reißt die Stimmung nicht wirklich aus dem Keller. Bewusstes Zuhören ist wichtig! Sich Zeit nehmen, auf die Musik einlassen, den Gedanken freien Lauf lassen – darauf kommt es an, sagen erfahrene Musiktherapeuten. Und welche Stücke? Eine »Musik-Apotheke« für den Montagsblues gibt es noch nicht. Ob Hip-Hop oder Jazz, Pop oder Klassik: Jeder Mensch hat bestimmte Musikvorlieben, mit denen er schöne Erfahrungen verbindet – die persönlichen Lieblingsstücke sind also genau richtig, um die Laune wieder aufzupeppen. Stellen Sie sich Ihre ganz private Montagmorgen-CD zusammen und hören Sie sie mit Genuss.

Sie haben aber gerade keine Lieblingsmusik? Dann ist hier noch ein kleiner Tipp: Neue Studien britischer Psychologen zeigen, dass Musik beim Sport die Motivation steigert und die Müdigkeit vergessen lässt. Eine mögliche Erklärung: Viele moderne Pop- und Rocksongs haben ein Tempo von 120 bis 140 Schlägen pro Minute – das entspricht in etwa der Zahl unserer Herzschläge, wenn wir in Bewegung sind (zum Beispiel während eines Fitnesstrainings). Vielleicht ist ja in den aktuellen Top Ten ein Hit dabei, der Ihnen gerade gefällt? Was Sportler beim Training motiviert, macht Ihnen den Wochenstart garantiert auch leichter!

Tipp Nr. 5: Stehen Sie zu Ihrem Montagsblues

Wenn wir zum Wochenanfang unter einem dick ausgeprägten Montagsblues leiden, dann wirkt sich das auch auf unser Kommunikationsverhalten aus. Egal, ob wir das wollen oder nicht. Mit anderen Worten: Auch wenn Sie sich grummelnd hinter Ihrer Arbeit verschanzen und meinen, dass Sie so ja allen anderen Kollegen aus dem Weg gehen, setzen Sie damit Zeichen. Denn: »Man kann nicht nicht kommunizieren«, hat der bekannte Wissenschaftler und Psychotherapeut Paul Watzlawick erkannt und diese wichtige Grundregel menschlichen Miteinanders das »metakommunikative Axiom« genannt. Es bedeutet: Jedes Verhalten hat kommunikativen Charakter – sobald zwei Personen sich gegenseitig wahrnehmen können, kommunizieren sie miteinander, da Verhalten kein Gegenteil hat, man sich also nicht nicht verhalten kann. Folgerichtig ist es auch unmöglich, nicht zu kommunizieren.

Und nun? Wohin mit der schlechten Laune beim nächsten Montagsblues, wenn das Grummeln tabu ist? Sinnvoll kann zunächst sein, mit sich selbst Zwiesprache zu halten. Vielleicht auch, indem man ein paar Gedanken oder Gefühle aufschreibt. Dadurch klärt sich manches Gedankenwirrwarr, der Kopf wird frei – und man bleibt nicht auf seiner schlechten Laune sitzen.

Trifft man im Stimmungstief auf unbeteiligte Kollegen, ist es entlastend, das auch mitzuteilen. Man muss sich ja nicht gleich komplett outen: Es reicht, den anderen zu sagen, dass man nicht so gut drauf ist – und dass sie nichts damit zu tun haben. Oft wird man schon allein dadurch entspannter, dass man den Montagsblues einfach mal beim Namen nennt. Oder stellt sogar fest, dass es anderen ähnlich geht. Und dann gilt: Geteiltes Leid ist halbes Leid.

Tipp Nr. 6:
Flirten Sie sich munter

Will man den Montagsblues unter Einsatz aller Waffen niederstrecken, kann auch ein netter kleiner Flirt das Mittel der Wahl sein! Sie wissen ja: Beim Flirten muss es nicht unbedingt vor erotischer Hochspannung knistern, und Sie müssen auch niemanden anbaggern. Flirten kann einfach eine amüsante und positive Begegnung mit anderen sein – ohne sexuelle Hintergedanken. Ob es ein Lächeln ist, ein charmantes Kompliment oder eine kleine freche Bemerkung: Beim Flirten geht es um fröhliche, spielerische Begegnungen, um Neugier und Offenheit. Das heißt: Man muss weder besonders cool sein noch ein »Montagmorgen! Mir ist alles egal«-Pokerface aufsetzen. Vielmehr geht es darum, einem netten Gegenüber mehr Raum und Aufmerksamkeit schenken, statt sich abzuschotten.

Sie möchten aber lieber kein Risiko eingehen und lassen deshalb lieber die Finger von diesem Tipp? Schade, denn ein Lächeln oder ein kleines Kompliment sollte eigentlich immer möglich sein und muss überhaupt nicht perfekt sein. Im Gegenteil: Auf viele Menschen wirkt gerade »Unvollkommenheit« besonders sympathisch und charmant.

Tipp Nr. 7: Entdecken Sie die Kraft positiver Gesten

Es gibt Montage, da schaut man morgens in den Spiegel, sieht ein übernächtigtes Gesicht, zwei kleine verquollene Augen, rauft sich hilflos die struppigen Haare und denkt: »Schlimmer kann es eigentlich nicht mehr werden…« Gefolgt von dem starken Impuls, schnell ins Bett zurückzuflüchten und sich erst mal die Decke über den Kopf zu ziehen. Der Tag wird bestimmt furchtbar!

Nicht unbedingt, denn ob Sie es glauben oder nicht: Ein kleines Lächeln kann Ihre Stimmung retten – sogar, wenn es zunächst künstlich ist. Streichen Sie zur Vorbereitung ein paarmal abwechselnd mit den flachen Händen über Ihre Stirn, damit diese sich glättet. Dann legen Sie langsam den Kopf in den Nacken, atmen tief durch, denken an etwas Schönes und fangen einfach an zu lächeln.

Was passiert? Beim Lächeln drücken bestimmte Muskeln auf unsere Nerven, und die wiederum lösen einen angenehmen Zustand in unserem Körper aus. Wenn Sie es 20 Sekunden schaffen, mit leicht geöffneten Lippen zu lächeln, dann reagiert Ihr Körper darauf positiv.

Amerikanische Psychologen haben außerdem herausgefunden, dass bestimmte Gesten – wie etwa mit dem Kopf zu nicken – selbstsicherer machen. Sie führten eine Untersuchung mit über 180 Studenten durch und erklärten den Teilnehmern, sie sollten Qualität und Sitz von Kopfhörern testen. Während die Studenten einige Songs sowie einen Kommentar zum Leben auf dem Campus hörten, sollten sie entweder einmal pro Sekunde nicken oder ihren Kopf schütteln. Danach wurden sie zu ihrer Meinung befragt. Das überraschende Ergebnis: Die Nicker waren sich ihres

Urteils deutlich sicherer als die Kopfschüttler – auch dann, wenn sie mit dem Gehörten nicht einverstanden waren. Interessant: Alle Teilnehmer behaupteten, die Kopfbewegungen hätten ihre Meinungsbildung nicht beeinflusst.

Dass Körperbewegungen unsere Selbstsicherheit unbewusst verstärken können, bewiesen die Psychologen mit einem zweiten Versuch: Die Studenten, alle Rechtshänder, sollten eine Liste ihrer beruflichen Qualitäten aufschreiben, die Hälfte aber mit der linken Hand. Nun waren die besonders überzeugt von sich, die mit rechts schreiben durften, und genau wie beim Nicken wollte niemand glauben, dass die Wahl der Hand etwas mit der eigenen Selbsteinschätzung zu tun haben könnte.

Es lohnt sich also, sich mal etwas genauer mit der eigenen Körpersprache zu beschäftigen – nicht nur, um andere Menschen besser zu verstehen oder selbst souveräner auf andere zu wirken. Sondern auch, um mit bestimmten Körperbewegungen das innere Gefühl zu uns selbst positiv zu beeinflussen.

Hier sind gleich ein paar Übungen für jeden Tag: zum Beruhigen, Konzentrieren oder Kraft tanken.

Leichtigkeit Zwinkern Sie sich ab und zu im Spiegel aufmunternd zu und lächeln Sie dabei. Die inneren Botschaften: »Alles halb so schlimm.« »Komm', das schaffen wir schon.«

Energie Richten Sie sich auf, strecken Sie die Brust raus, heben Sie das Kinn und öffnen Sie Ihre Arme nach oben wie zu einem Jubelschrei – das setzt Energie frei.

Stärke Eine archaische Geste: Stellen Sie sich aufrecht hin, die Beine etwa hüftbreit auseinander, und schlagen Sie sich mit beiden Fäusten abwechselnd auf den Brustkorb.

Konzentration Schließen Sie die Handflächen vor Ihrem Gesicht, sodass die Fingerspitzen nach oben zeigen, und tippen Sie mit den Zeigefingern leicht an Ihre Nasenspitze. Atmen Sie dabei tief ein und aus.

Überzeugung Legen Sie sich eine Hand aufs Dekolletee, atmen Sie dabei ruhig und gelassen weiter. Diese Geste hilft Ihnen, auf Ihre Intuition zu vertrauen – und bei Ihrer Meinung zu bleiben!

Tipp Nr. 8:
Überprüfen Sie, ob Sie noch zu Ihrem Job passen

Zum dritten Mal gucken Sie auf die Uhr, die Zeit dehnt sich wie Kaugummi – wann ist endlich Feierabend? Der Montag will einfach nicht vergehen, und Sie sehnen sich schon den Freitag herbei. Früher sind die Tage und Wochen im Job wie im Flug vergangen, aber in der letzten Zeit kommen Ihnen manche Arbeitstage unendlich lang vor und Sie ertappen sich immer wieder dabei, dass Sie über Ihren Job nachdenken ...

Wenn Ihnen das bekannt vorkommt, sollten Sie überlegen, was Sie an Ihrer Arbeitssituation ändern können. Denn wer anfängt, über seinen Beruf nachzudenken, geht innerlich auf Distanz. Es läuft alles nicht mehr so reibungslos und erfrischend wie bisher – und oft weiß man gar nicht, warum. Findet aber tagtäglich mehr und mehr Anlässe für die eigene Unzufriedenheit.

Unterforderung und Langeweile am Arbeitsplatz sind neben Stress und Überforderung die wichtigsten Motivationskiller im Berufsalltag und können vor allem zum Wochenanfang jeden Elan ausbremsen. Aber was kann man dagegen tun? Spannende Jobs liegen schließlich nicht auf der Straße. Die gute Nachricht: Allein das aktive und positive Beschäftigen mit der eigenen Unzufriedenheit im Job führt oft schon dazu, dass man sich deutlich besser fühlt – denn immerhin tut man etwas, statt sich weiterhin hilflos der öden Situation ausgeliefert zu fühlen.

Haben Sie schon mal überlegt, ob Sie vielleicht aus einer oder mehreren Aufgaben Ihres Jobs herausgewachsen sind? Das merken Sie zum Beispiel daran, dass Sie Ihre Arbeit zunehmend lustlos und unbeteiligt erledigen. Wenn Sie tagtäglich viel Energie brauchen, allein um Ihren Job einigermaßen zu überstehen, sind Sie vielleicht schon zu lange dabei. Und irgendwann erwischt Sie dann der Frust. Wenn es tatsächlich so weit kommt, dann warten Sie nicht zu lange damit, die unbefriedigende Situation anzupacken. Sonst fehlt Ihnen bald die Energie, etwas daran zu ändern. Negative Erlebnisse nagen nämlich an der Selbstsicherheit – und dann hat man oft kaum noch den Mut und Elan für neue Ideen.

Falls Sie zu dem Schluss kommen, dringend etwas ändern zu müssen, brauchen Sie allerdings nicht gleich nach einem ganz neuen Job Ausschau halten – wie wäre es stattdessen, wenn Sie zunächst einmal nach neuen Herausforderungen an Ihrem eigenen Arbeitsplatz suchen, die Sie reizen könnten: indem Sie zum Beispiel Ihren Gestaltungsspielraum im Beruf voll ausschöpfen (siehe auch Tipp Nr. 23) oder versuchen, Ihren Job abenteuerlicher zu gestalten (Tipp Nr. 31)? Auch mit wiederentdeckter Neugier lassen sich Langeweile und Unterforderung im Job gut vertreiben (Tipp Nr. 44).

Interessant ist zudem die Frage, ob Sie sich vielleicht zu sehr an Ihre Arbeit anpassen müssen, anstatt selbst aktiv etwas Passendes zu Ihrem Typ zu suchen. Ein Beispiel: Nehmen wir einmal an, Sie leben jedes Mal auf, sobald Menschen um Sie herum sind, aber an Ihrem Arbeitsplatz müssen Sie still und leise vor sich hin arbeiten … Dann werden Sie dort vermutlich nicht glücklich werden und sollten aktiv nach einer Möglichkeit suchen, im Job mehr Kontakt zu anderen Menschen zu bekommen – vielleicht sogar durch einen Arbeitplatzwechsel innerhalb Ihrer jetzigen Firma. Haben Sie schon die Chancen in anderen Abteilungen Ihres Hauses ausgelotet – bei den Stellenausschreibungen am Schwarzen Brett zum Beispiel, in der Mitarbeiterzeitschrift oder im firmeneigenen Intranet?

Übrigens muss auch eine schwierige Wirtschaftslage Sie nicht davon abhalten, sich über den Tellerrand Ihrer jetzigen Aufgaben hinaus auf dem Arbeitsmarkt umzuschauen. Denn Sie haben ja einen Vorteil: Sie stehen nicht unter dem Druck, sofort einen neuen Job finden zu müssen. Da können Sie Bewerbungsgespräche doch gleich viel gelassener führen und obendrein Ihren Marktwert testen.

Tipp Nr. 9: Setzen Sie auf innere Ressourcen

Lange Zeit haben sich Mediziner und Psychologen vor allem damit beschäftigt zu erforschen, was Menschen krank und anfällig macht. Jetzt hat ein deutliches Umdenken stattgefunden. Wissenschaftlern geht es heute immer mehr darum herauszufinden, was Menschen besonders stark und gesund macht. Unter dem Stichwort »Salutogenese« (von »salus«, also gesund, und »Genesis«: Ursprung, Entstehung) rücken Mediziner die Gesundheit und nicht die Krankheit in den Mittelpunkt ihres Forschungsinteresses und untersuchen vor allem unsere Selbstheilungskräfte. Psychologen ergründen im Rahmen der Resilienzforschung, wieso manche Menschen schwere Zeiten deutlich besser durchstehen als andere und vergleichsweise unbeschadet bleiben. Folgende Faktoren wirken sich zum Beispiel positiv auf die Bewältigung von Krisen aus, und diese können auch Sie im Kampf gegen den Montagsblues unterstützen:

- Die innere Überzeugung, dass man sein eigenes Schicksal weitgehend selbst bestimmen kann.
- Die Tatkraft, wenn etwas schlecht läuft, die Dinge selbst in die Hand zu nehmen – und nicht auf das Glück oder den Zufall zu vertrauen.
- Die Initiative, Möglichkeiten, wenn sie sich bieten, auch zu ergreifen.
- Eine realistische Vorstellung von den eigenen Fähigkeiten.

Darüber hinaus stecken in jedem von uns eigene innere Kräfte und Ressourcen, die wir aktivieren können, um uns rundum wohl und gesund zu fühlen. Wie wäre es, wenn Sie über das nächste Wochenende ein paar dieser Kräfte sammelten? Sozusagen Tankstellen im Alltag anzapfen, um damit dem Montagsblues ausgeglichener begegnen zu können. Die folgenden Fragen helfen, Ihre inneren Ressourcen genauer zu beleuchten.

1. Kennen Sie eine gute Entspannungsmethode?
2. Bewegen Sie sich gern?
3. Wissen Sie, an welchem Platz Ihrer Wohnung Sie sich am wohlsten fühlen? Haben Sie zu Hause zum Beispiel ein bequemes Eckchen zum Ausruhen?
4. Erinnern Sie sich, was Sie als Kind am schnellsten wieder fröhlich gemacht hat, wenn Sie traurig oder krank waren?
5. Gibt es bestimmte Speisen (Haupt- oder Nachspeisen) und Getränke (zum Beispiel frisch gepresste Säfte), von denen Sie wissen, dass Sie Ihnen besonders gut bekommen?
6. Haben Sie schon mal überlegt, was Sie im Alltag lassen könnten, um weniger Stress zu haben?
7. Kennen Sie Ihre Mittel und Wege, um Müdigkeit oder Abgeschlagenheit zu überwinden (zum Beispiel richtig lange Ausschlafen; eine kräftige Hühnersuppe trinken; ein heißes Bad nehmen; mit einer Wärmflasche aufs Sofa legen)?
8. Haben Sie einen guten Schlaf? Und wissen Sie, was Sie brauchen, um gut zu schlafen?
9. Frische Luft, Ruhepausen, vernünftige Ernährung: Ist es für Sie selbstverständlich, gut auf sich und Ihren Körper zu achten?

10. Nach sehr anstrengenden oder belastenden Zeiten im Beruf oder im Privatleben: Kümmern Sie sich aktiv um Ihre Entspannung?
11. Ist Ihnen klar, wie entspannt oder anstrengend Ihr Leben gerade ist? Sind Sie zum Beispiel frisch verliebt oder getrennt? Bauen Sie gerade ein Haus? Tragen Sie Verantwortung für kleine Kinder oder pubertierende Teenager?

Je mehr Fragen Sie mit »ja« beantwortet haben, desto besser und umfassender ist der Zugang zu Ihren inneren Kräften und Ressourcen. Fragen, die Sie mit »nein« beantwortet haben, können Ihnen den Weg zu neuen Energiequellen und Tankstellen im Alltag weisen.

Tipp Nr. 10:
Arbeiten Sie im Einklang mit Ihrem Biorhythmus

Jeder von uns hat eine innere Uhr, und die gibt vor, ob wir lieber früh oder spät aufstehen. Geahnt haben wir das schon immer, aber seit kurzem ist es auch wissenschaftlich belegt, dass es bei uns Menschen verschiedene Chronotypen gibt: die Frühaufsteher oder Lerchen, die am Wochenende noch so spät ins Bett gehen können – sie wachen am nächsten Morgen einfach in aller Herrgottsfrühe auf! Und die eher nachtaktiven Langschläfer oder Eulen, die liebend gern ausschlafen und deshalb von montags bis freitags gestresst sind, weil die Arbeit für ihr Empfinden eigentlich immer viel zu früh beginnt.

Einem Team von Chronobiologen der Berliner Charité ist es jetzt sogar gelungen, im Labor nachzuweisen, wie unterschiedlich die jeweiligen inneren Uhren der beiden Chronotypen ticken. Bestimmte Gene beziehungsweise körpereigene Zeitmesser, die in fast allen unseren Körperzellen schwingen, liefern nämlich den individuellen Takt für die Ausschüttung der Hormone und unser Schlaf-Wach-Verhalten.

Sobald die Sonne untergeht, schüttet die Zirbeldrüse im Gehirn Melatonin aus – das Schlafhormon im Blut macht uns müde. Gegen drei oder vier Uhr morgens steigt langsam die Konzentration des Stresshormons Cortisol, welches in der Nebennierenrinde produziert wird. Es bereitet uns schon ab Mitte der Nacht mit einem stetig steigenden Pegel aufs Wachwerden und Wachbleiben über den Tag vor. Beginnt die Abenddämmerung, so steigt langsam wieder die Melatoninkonzentration im Blut. Das wechselseitige Auf und Ab der beiden Hormone findet bei den meisten Menschen ungefähr im Rhythmus von 24 Stunden statt.

Mit kleinen Unterschieden: Die Berliner Chronobiologen haben nämlich herausgefunden, dass die innere Uhr der Eulen deutlich langsamer tickt und oft erst nach 25 Stunden in die nächste Runde startet – vermutlich die Erklärung dafür, dass Eulen stets und zu allem zu spät kommen.

Die innere Uhr der Lerchen tickt dagegen im 23-Stunden-Rhythmus – deswegen machen sie abends regelmäßig schlapp. Bis zu einem Viertel aller Deutschen sollen ausgeprägte Lerchen oder Eulen beziehungsweise Früh- oder Spättypen sein, schätzen die Chronobiologen und weisen darauf hin, dass sich der angeborene Biorhythmus nicht beeinflussen oder umpolen lässt.

Deswegen ist es vor allem im Berufsalltag wichtig, nicht länger gegen die weitgehend festgelegten inneren Impulse anzukämpfen, sondern stattdessen die eigene Arbeit so zu organisieren, dass sie möglichst im Einklang mit dem Biorhythmus steht. Für den Montagmorgen bedeutet das zum Beispiel für ausgeprägte Lerchen nach einem anstrengenden Wochenende, das helle Morgenlicht möglichst auszusperren, damit sie genug Schlaf finden. Die Eulen sollten dagegen möglichst in Ruhe wach werden und schon am frühen Morgen eine ordentliche Dosis Tageslicht tanken, um damit den Abbau des Schlafhormons Melatonin zu unterstützen. Außerdem sinnvoll: die Mittagspause draußen verbringen, denn das treibt die innere Uhr ebenfalls nach vorn.

Ob Eule, Lerche oder 24-Stunden-Typ: Als Nächstes sollten Sie überlegen, wann Sie am produktivsten sind. Lerchen können gut am frühen Morgen und Vormittag arbeiten, Eulen laufen dagegen oft erst am Nachmittag oder Abend zur Hochform auf. Achten Sie einmal darauf, wann Ihre aktivste Tageszeit ist, und erledigen Sie wichtige Tätigkeiten im Job am besten genau dann. Wenn Sie Lust haben, können Sie Ihren Biorhythmus auch eine Woche lang genauer beobachten, indem Sie ein Selbstbeobachtungsprotokoll anlegen. Notieren Sie in einer Tabelle zum Beispiel im Stunden- oder Zwei-Stunden-Rhythmus, zu welcher Uhrzeit Sie welche Arbeiten gemacht haben und ob Sie dabei eher wach oder müde waren, konzentriert oder abgelenkt, schnell oder langsam, kreativ oder ausgebremst – am besten, Sie überlegen selbst, welche Kriterien Ihnen bei Ihrem Job am wichtigsten sind.

Grundsätzlich sieht die Leistungskurve der meisten Menschen so aus, dass sie vormittags voller Energie sind. Nach dem Mittagessen fallen viele in ein kleines Leistungstief und nach dem zweiten Hoch am späteren Nachmittag schaltet der Körper in der Regel langsam auf Nachtruhe um – außer bei den ausgeprägten Eulen ...

Tipp Nr. 11:
Suchen Sie sich Vorbilder

Freunde, Kollegen, Bekannte oder Nachbarn: Haben Sie sich schon mal überlegt, ob andere Leute in Ihrer Umgebung auch unter dem Montagsblues leiden? Oder, im Gegenteil, ob absolute Lebenskünstler darunter sind, die nichts aus dem Gleichgewicht wirft – nicht mal, wenn es an einem trüben Novembermorgen in Strömen regnet und das Auto einfach nicht anspringen will?

Achten Sie doch einmal darauf, wer es schafft, fröhlich und gelassen oder gut sortiert in die neue Woche zu starten. An diesen Menschen können Sie sich orientieren. Mit einem positiven Bild vor den Augen ist es nämlich viel einfacher, das eigene Verhalten zu ändern. Wenn andere etwas tun, das wir gut finden, kann uns das neue Impulse geben. Kennen Sie Menschen, die Sie für ihre Einstellung zum Job bewundern? Die Meisterinnen oder Meister im Lösen von Problemen sind? Die sich durch nichts erschüttern lassen? Oder neue Wege gehen? Noch ein kleiner Tipp für die Suche: Ihre Vorbilder müssen nicht perfekt sein – »Nehmen Sie die Menschen, wie sie sind, andere gibt's nicht«, hat Konrad Adenauer mal gesagt.

Die Suche nach Vorbildern kann aber auch über den eigenen Freundes- und Bekanntenkreis hinausreichen. Die Deutsche Gesellschaft für Zeitpolitik e.V. (*www.zeitpolitik.de*) beschäftigt sich zum Beispiel damit, wie sich unsere »Alltagszeitstrukturen« lebensfreundlicher gestalten lassen und welche Voraussetzungen es braucht, damit Menschen im Spannungsfeld von Be- und Entschleunigung ihre eigene Zeit selbstbestimmt gestalten können (zu der eigenen Zeit gehören selbstverständlich auch die Montage). In der Gesellschaft arbeiten Wissenschaftlerinnen und Wissenschaftler aus verschiedenen sozial- und naturwissenschaftlichen Fachgebieten mit Zeitkünstlern, Zeitforschern und Zeitpraktikern zusammen. Gemeinsam diskutieren und entwerfen sie vorbildliche Modelle für Zeitsouveränität oder machen alternative zeitpolitische Vorschläge. Mehrmals im Jahr gibt die Gesellschaft auch das *Zeitpolitische Magazin* mit verschiedenen Schwerpunktthemen und vielen interessanten Ideen und Anregungen heraus.

Tipp Nr. 12:
Multitasking – aber bitte nur in kleinen Dosen

Soll man erst den Telefonhörer abheben, dann die Kuriersendung öffnen und die Druckerpatrone wechseln, danach zum Chef und hinterher die wichtigsten Anfragen beantworten und kopieren? Oder gleich zum Chef, das Telefon klingeln lassen und die Kuriersendung auf später verschieben? Manche Montage sind so stressig und vollgepackt, dass ein einziger Mensch sie eigentlich nur dann erfolgreich bewältigen kann, wenn er ein Krake mit acht Armen wäre.

Andere behaupten, in solchen Fällen könne einen nur »Multitasking« vor der endgültigen Kapitulation retten und dafür sorgen, dass der Stapel mit Arbeit stetig kleiner wird. »Multitasking« – damit ist gemeint, mehrere Dinge gleichzeitig zu erledigen. Eigentlich kommt der Begriff aus der Computerwelt, aber für viele Unternehmensberater und Manager galt er lange Zeit als das Zaubermittel für schnelles und produktives Arbeiten.

Mittlerweile weiß man, dass Menschen weder Kraken noch Computer sind und daher nicht wirklich erfolgreich verschiedene Dinge zur gleichen Zeit erledigen können. So haben Psychologen und Neurowissenschaftler festgestellt, dass Leute, die mehrere Dinge gleichzeitig tun, haufenweise Fehler machen – unser Gehirn ist der Doppelbelastung nämlich nicht gewachsen. Amerikanische Psychologen untersuchten zum Beispiel mit einem Fahrsimulator, wie sich das Fahrverhalten ändert, wenn man während der Fahrt telefoniert. Das Ergebnis: Wer telefoniert – ob mit oder ohne Freisprechanlage – hat ein viermal so hohes Unfallrisiko, die Reaktionsfähigkeit dabei ist in etwa so eingeschränkt wie die eines Fahrers mit 0,8 Promille Alkohol im Blut.

Tatsache ist: Wir Menschen können zwar durchaus mehrere

Eindrücke parallel wahrnehmen, aber wenn wir dabei auch noch reagieren und Entscheidungen fällen sollen, ist unser Gehirn mit der Gleichzeitigkeit sehr schnell überfordert. Leute, die dank Multitasking vermeintlich erfolgreich sind, unterliegen in der Regel einer Selbsttäuschung – was sie selbst als gleichzeitig erleben, ist bei genauer Betrachtung der neurophysiologischen Prozesse ein schneller Wechsel zwischen verschiedenen Aufgaben, der aber nicht immer unbedingt produktiv ist, sondern ebenfalls wertvolle Zeit kostet. Vorstellen kann man sich die in Sekundenschnelle ablaufenden Prozesse in unserem Gehirn so ähnlich wie bei einem Computer: Bevor der ein neues Programm hochfährt, muss er dafür andere schließen. Experten in den USA wollen sogar ausgerechnet haben, dass die vielen sinnlosen Versuche, im Beruf mittels Multitasking produktiver zu werden, die amerikanische Wirtschaft jedes Jahr 588 Milliarden US-Dollar kosten...

Also gilt es zukünftig, am Montagmorgen immer alles schön der Reihe nach zu erledigen, um nicht unnötige Fehler zu machen und Zeit zu vergeuden. Und falls das Telefon unermüdlich klingelt und Sie es einfach nicht ignorieren können, sollten Sie nach Beendigung des Gesprächs nicht direkt mit Ihrer ursprünglichen Arbeit fortfahren, sondern lieber einen kurzen Moment innehalten und in dieser Zeit gar nichts tun, damit sich Ihr Gehirn neu sortieren kann. Das ist stressfreier für Sie – und Ihrem Arbeitgeber sparen Sie damit auch noch eine Menge Geld!

Tipp Nr. 13: Mehr Spaß im Job durch das passende Team

Teamsitzung am Montagvormittag – knirscht es da besonders im Gebälk? Funktioniert das Team, in dem Sie arbeiten, auch unter den harten Bedingungen des Wochenanfangs? Und haben Sie mal darüber nachgedacht, welche Rolle Sie in Ihrem Team beziehungsweise in Ihrer Firma spielen? Sind Sie eher jemand, der den Ton angibt? Oder arbeiten Sie lieber im Stillen? Wer sich und seine Kollegen aufmerksam beobachtet, wird feststellen, dass es verschiedene Arten gibt, an eine Aufgabe oder einen Job heranzugehen. Grob lassen sich dabei vier Arbeitstypen unterscheiden: die Entdecker, die Berater, die Macher und die Rechner. Teams funktionieren am besten, wenn sie mit möglichst unterschiedlichen Arbeitstypen besetzt sind. Wenn man sich gut ergänzt und nicht ständig in Konkurrenz zueinander steht, macht Teamwork nämlich richtig Spaß – die folgenden Beschreibungen zeigen das Zusammenspiel.

Die Entdecker Sie haben gern den Überblick und reden viel. Kein Wunder, dass sie am liebsten im Team arbeiten. Haben sie sich erst mal für eine Sache begeistert, sind sie unermüdlich auf der Suche nach Ideen. Weil sie sehr spontan und oft auch schöpferisch veranlagt sind, lassen sie sich bevorzugt von ihrer Intuition leiten. Entdecker stehen gern im Mittelpunkt – das macht es für die anderen manchmal nicht einfach, mit ihnen zusammenzuarbeiten. Kollegen, die alles ganz genau wissen wollen, gehen den Entdeckern auf die Nerven. Aber gerade auf deren Mitarbeit sind sie auch besonders angewiesen. Gute Mitstreiter für Entdecker: Kollegen, die ihnen helfen, ihre vielen Ideen zu bündeln (Berater), in die Tat umzusetzen (Macher) oder auch mal zu überprüfen (Rechner).

Die Berater Sie organisieren gern und können komplizierte Sachverhalte auch mit Abstand betrachten. Zudem sind sie unschlagbar im Sammeln, Bündeln und Weitergeben wichtiger Informationen und deshalb die perfekte »Nummer zwei« – als »Nummer eins« fühlen sich Berater meist nicht ganz so wohl. Ihnen ist wichtig, dass die Arbeit harmonisch abläuft. Manchmal neigen die Berater allerdings dazu, sich zu sehr in Beschlag nehmen zu lassen – und das Lob dafür erntet dann jemand anderes. Dabei hätten sie mit ihrem Organisationstalent durchaus das Zeug, auch mal Chefin oder Chef zu sein. Wie das geht, können die Berater gut bei den Entdeckern abschauen. Und wie viel Spaß es machen kann, Ideen selbst in die Tat umzusetzen, zeigen ihnen die Macher.

Die Macher Tempo, Tempo! Entscheidungen werden zügig gefällt, man muss nicht alles hinterfragen, sondern orientiert sich einfach an den Tatsachen. Manchmal dulden die Macher dabei keinen Widerspruch, sondern improvisieren einfach drauflos. Läuft ihnen dann ein Rechner über den Weg, der genau wissen will, warum man mit dem Programm XY arbeitet und nicht mit dem Programm Z, dann geht ihnen das gehörig gegen den Strich. Dabei sind es manchmal gerade die Zweifel, die spontane Ideen zu durchdachten Projekten reifen lassen. Weil sich die Macher gern kopfüber in die Arbeit stürzen, sollten sie mit Leuten zusammenarbeiten, die ihren Tatendrang in vernünftige Bahnen lenken – und das sind vor allem die Berater und die Rechner.

Die Rechner Sie mögen Zahlen, Daten oder Fakten und hegen eine geradezu innige Liebe zum Detail. Niemand arbeitet so akkurat und ordentlich wie sie. Erst recht, wenn es etwas zu analysieren gibt. Große Worte sind nicht ihr Ding – deshalb wirken die

Rechner gern in Ruhe, oft auch allein und hinter den Kulissen. Einer ihrer wichtigsten Grundsätze: Erst denken, dann sprechen. Allerdings kommt es hin und wieder vor, dass die Rechner den anderen mit ihrem Perfektionsdrang auf die Nerven gehen. In Stresssituationen kann es ihnen auch mal passieren, dass sie vom Team aufgrund ihrer Besserwisserei gemieden werden. Schade! Von Entdeckern oder Machern können sich die Rechner abgucken, dass man nicht jedes Projekt bis ins letzte Detail durchplanen muss, sondern dass es auch genau richtig sein kann, einfach mal ins kalte Wasser zu springen.

Weil es in einem gut funktionierenden Team sowohl auf jede Einzelleistung wie auch auf die Gesamt- beziehungsweise Gruppenleistung ankommt, ist es hilfreich, die Stärken und Schwächen des eigenen Arbeitsstils sowie die der jeweiligen Teammitglieder zu kennen. Es kann sehr lustig sein und großen Spaß machen, sich einmal über die verschiedenen Rollen auszutauschen, die jeder einnimmt. Gut für die Arbeitsmotivation und den Wochenschwung im Team sind darüber hinaus die folgenden vier »K« – Kompetenz, Kooperation, Kompromissbereitschaft und Kritikfähigkeit.

Kompetenz Jeder im Team sollte seine besonderen Fähigkeiten und Stärken zeigen und ausspielen können. Damit alle zusammen nicht betriebsblind werden, sollten die Gedanken der einzelnen Teammitglieder zielgerichtet sein, aber auch mal in bisher ungewohnte Richtungen abschweifen dürfen.

Kooperation Regelmäßig miteinander sprechen und wichtige Sachinformationen austauschen – das sind die obersten Gebote konstruktiver Zusammenarbeit. Wichtig dabei: Alle im Team denken nach vorn. Rückschläge gehören zum Arbeitsalltag und sollten möglichst sofort mit neuen Ideen in eine positive Richtung gedreht werden.

Kompromissbereitschaft Die Teammitglieder sollten in Bezug auf ihre eigenen Vorstellungen und Ziele flexibel sein – Kompromisse sind kein Zeichen von Schwäche, sondern manchmal unverzichtbar, um gemeinsam weiterzukommen.

Kritikfähigkeit Falls es Irritationen oder Probleme im Team geben sollte, ist es zielführend, diese sofort anzusprechen, damit sie die Arbeit nicht blockieren. Möglich: ein fester Termin pro Woche, der für Feedback aller Art (zum Beispiel auch positive Kritik) reserviert ist.

Tipp Nr. 14:
Pushen Sie sich mit einem Montagsmantra

Gedanken und Gefühle haben einen viel größeren Einfluss auf unsere Stimmung und auf körperliche Vorgänge, als man bisher geglaubt hat. Wie das im Einzelnen funktioniert beziehungsweise wie Geist und Körper zusammenspielen, ist eine zentrale Frage der Psychoneurobiologie. Wissenschaftler haben auf molekularer Ebene zum Beispiel verschiedene Kommunikationswege zwischen unserem Gehirn und den Immunzellen nachgewiesen. So konnten sie mittels EEG (Elektroenzephalogramm) zeigen, dass bei Versuchspersonen, die meditierten, ein bestimmter Teil der Hirnrinde deutlich aktiver war als bei jenen, die nicht meditierten – und genau dieser Teil (der Frontallappen) ist es auch, der mit positiven Gefühlen und Enthusiasmus zusammenhängt.

Die Kraft der Gedanken kann uns also erfolgreich helfen, den Montagsblues besser in den Griff zu bekommen. Eine Möglichkeit, die eigene Stimmung positiv zu beeinflussen, ist die sogenannte Mantrameditation, bei der bestimmte Worte oder Silben wiederholt werden. Eine der bekanntesten Silben ist das »OM«, das im Tantrismus als mächtigstes Mantra gilt. Seine Kraft soll sogar Erleuchtung bringen.

Aber so weit müssen wir ja gar nicht gehen. Unser Anliegen ist der Montagsdurchhänger – und um den zu überwinden, können wir die Tatsache nutzen, dass Mantras auf doppelte Art und Weise wirken: einerseits durch ihren meditativen Klang, andererseits durch ihren Bedeutungsinhalt, der den Intellekt anspricht. Allerdings soll man das Mantra beziehungsweise den Satz, den man spricht, nicht analysieren, sondern stattdessen einfach die Worte auf sich wirken lassen. Die meisten Anfänger bevorzugen zum Meditieren die Sitzhaltung auf einem Stuhl oder Hocker –

der Oberkörper ist gerade und aufgerichtet, die Fußsohlen stehen flach auf dem Boden, die Hände liegen entspannt auf den Schenkeln, am besten halb geöffnet und mit den Handinnenflächen nach oben zeigend. Bevor man das Mantra – entweder laut oder in Gedanken – mehrmals spricht, atmet man einige Male tief ein und wieder aus, um sich zu sammeln.

Hier ein Beispiel für ein kleines Montagsmantra:

DIESER MONTAG WIRD GUT,
ALLES WIRD GUT.

Sie können sich mit diesem kleinen Mantra positiv auf den Montag einstimmen – ob am Sonntagabend vor dem Einschlafen oder Montagfrüh, bevor Sie das Haus verlassen. Die Kraft der Gedanken wirkt dem Stress zum Wochenanfang positiv entgegen und schenkt ein Stück Gelassenheit sowie die Zuversicht, dass wirklich alles gut wird!

Tipp Nr. 15:
Die Sinnfrage – warum tun Sie das alles?

Können Sie auf Anhieb sagen, was Ihr Leben heute sinnvoll macht? Glauben Sie, dass es einen Zusammenhang zwischen Ihrem Lebenssinn und Ihrem beruflichen Engagement gibt? Müssen Sie im Beruf manchmal gegen Ihre persönlichen Überzeugungen handeln? Fragen, mit denen sich die »Logotherapie« beschäftigt – eine sinnzentrierte Psychotherapieform, die von dem Wiener Psychiater und Neurologen Viktor E. Frankl begründet wurde. Sie geht davon aus, dass alle Menschen Wesen auf der Suche nach Sinn sind. Diese Suche ist niemals abgeschlossen, da es nicht nur den einen Sinn gibt, der uns von der Geburt bis ins hohe Alter begleitet und motiviert. Vielmehr ist die Sinnsuche ein lebenslanger Prozess. Das heißt, im Alltag geht es immer wieder um die Frage, was für uns jetzt, hier und heute sinnvoll ist.

Wenn Sie sich regelmäßig am Montagmorgen zur Arbeit quälen, sollten Sie sich vielleicht einmal näher mit Ihrem eigenen Sinn-Erleben beschäftigen, um hinter die Gründe Ihrer Lustlosigkeit zu kommen. Die folgenden Fragen könnten Sie anregen.

- Kann ich spontan sagen, was meinen Tag heute sinnvoll macht?
- Was habe ich in Zukunft noch vor? Welche Pläne beflügeln mich?
- Ob beruflich oder privat: Welche Tätigkeiten geben mir besonders viel Energie und verschaffen mir das Gefühl tiefer Befriedigung:
  - Meine eigentliche(n) Aufgabe(n)?
  - Die Menge an Aufgaben?

- Zusätzliche Aufgaben?
- Unlösbare Probleme?
- Die Konzentration auf eine bestimmte Sache?
- Die Parallelität von Job- und Familienverantwortung?

Ergänzen Sie nun spontan folgende Sätze:

- Für mich ist Erfolg ....
- Für mich ist Glück ....
- Für mich ist Leistung ....
- Für mich ist Geld ....
- Für mich ist Zeit ....

Lesen Sie nun Ihre Antworten in Ruhe durch, denn an diese Aussagen halten Sie sich wahrscheinlich auch im Alltag. Oft bergen sie sogar bestimmte Handlungsmuster. Ein Beispiel ist der Satz: »Für mich bedeutet Erfolg *harte Arbeit.*« Wer diesen Satz verinnerlicht hat, wird sich im Job vermutlich überdurchschnittlich anstrengen und kaum in der Lage sein, entspannt vor sich hinzuarbeiten. Interessant ist, dass schon kleine Veränderungen oder Ergänzungen dieser Glaubenssätze dazu führen, die Arbeit oder bestimmte Aspekte davon anders zu bewerten, um dann im nächsten Schritt auch anders damit umzugehen. Wie wäre es zum Beispiel mit der Ergänzung »Für mich bedeutet Erfolg *harte Arbeit und viel Spaß*«? Klingt doch gleich viel freundlicher und motivierender.

Tipp Nr. 16:
Tanken Sie Veränderungswillen

Machen Sie sich klar: Wenn Sie etwas verändern wollen – ob beruflich oder privat –, kann nicht alles bleiben, wie es ist! Sie dürfen und müssen neue Wege gehen, und das wird Ihnen umso leichter fallen, je aufmerksamer Sie den beabsichtigten Wandel gestalten. Veränderungen laufen in verschiedenen Phasen ab. Was gibt es dabei zu bedenken? Hier sind einige Tipps:

Vertrauen haben Überlegen Sie, wie oft sich Ihre Lebenssituation schon geändert hat. Sie sind vom Kindergarten in die Schule gekommen, von der Schule in den Job, Sie sind irgendwann umgezogen – Sie haben also schon erfolgreich viele verschiedene Rollen in Ihrem Leben eingenommen, und jedes Mal hat sich dabei etwas an Ihrer Situation geändert. Darauf können Sie vertrauen! Klären Sie für sich, wie Ihre jetzige Ausgangssituation ist. Wohin wollen Sie? Und wer könnte Sie dabei unterstützen? Während Sie diese Aspekte erkunden, versuchen Sie, möglichst offen zu bleiben, anstatt von vornherein »fertige Lösungen« im Kopf zu haben oder nur das zu sehen und zu hören, was Sie wahrnehmen wollen.

Nicht mogeln Es ist ja immer wieder verführerisch, sich die eigene Situation und ihre möglichen Ursachen schönzureden – »Ich hatte ein ganz entspanntes Wochenende ohne Arbeit – abgesehen von den zwei Telefonaten am Freitagabend und dem Checken meiner E-Mails am Sonntag…«, »Natürlich habe ich mir den Wochenanfang gut organisiert…« Doch seien wir mal ehrlich: Bei genauer Betrachtung war das Wochenende alles andere als entspannt, und Ihr Schreibtisch sieht trotz bester Organisation aus wie ein Schlachtfeld! Charmanter Selbstbetrug mag kurzfristig die eigene Situation entschärfen, hilft aber langfristig nicht dabei, sie zu verändern.

Selbstverständlichkeiten hinterfragen Gehen Sie in Gedanken Ihre Alltagsorganisation durch – beruflich wie auch privat. Wieso müssen immer Sie auf dem Weg von oder zur Arbeit in die Reinigung oder den Supermarkt? Auch die technischen Fortschritte der letzten Jahrzehnte – vor allem Internet und Handy – haben in fast allen Berufen neue Arbeitsabläufe und Aufgabenprofile hervorgebracht, aber nicht alle sind auch unbedingt sinnvoll. Deshalb ganz wichtig: Wo und wie hilft Ihnen die neue Technik? Und wo nicht?

Zeit lassen Wandlungsprozesse haben ihre eigene Dynamik und brauchen Ruhe wie auch Besonnenheit. Manche Entscheidungen oder Erkenntnisse lassen sich nicht von heute auf morgen umsetzen, sondern brauchen etwas mehr Zeit! Üben Sie sich also hin und wieder in Geduld.

Verbündete suchen Etwas verändern zu wollen kann auch bedeuten, an innere oder äußere Grenzen zu stoßen. Hilfreich sind Bereitschaft zum Risiko sowie ein Team von »Verbündeten«, mit denen man gemeinsam die Durchsetzung bestimmter Ziele planen kann.

Tipp Nr. 17: Schlagen Sie Ihrer Schlappheit ein Schnippchen

Manchmal braucht man montagmorgens, aber auch in anderen Momenten, sofort und unbedingt einen kräftigen Energieschub! Hier sind drei gute Tipps beziehungsweise Übungen gegen die Tagesmüdigkeit – und außerdem eine Übung für den Wechsel nach einem anstrengenden Tag in einen entspannten Feierabend. Vielleicht probieren Sie alle aus, um zu testen, welche Ihnen besonders guttut.

Clownpower Schneiden Sie Grimassen wie ein Clown – das entspannt und gibt gleichzeitig einen kräftigen Energieschub. »Facial Fitness« heißt das amerikanische Zauberwort dafür und wird als Trend gefeiert, der sogar Falten glätten soll. Die Begründung: Durch das Training der Gesichtsmuskeln nimmt die Muskelmasse unter der Haut zu, und diese wird dadurch automatisch straffer gezogen, sozusagen ein natürliches Facelifting. Ob mit oder ohne Spiegel – so geht es: Lächeln Sie zuerst übertrieben breit, formen Sie dann ein dickes rundes O, halten Sie das O einen Moment und lächeln Sie dann wieder so breit wie möglich. Wiederholen Sie den Wechsel drei bis fünf Mal. Pressen Sie dann die Lippen zu einer schmalen Linie zusammen, halten Sie einen Moment inne und entspannen Sie dann die Lippen wieder. Ebenfalls drei bis fünf Mal wiederholen. Nun stellen Sie die Zähne aufeinander, beißen fest zu und zeigen in Gedanken jeden einzelnen Zahn. Danach lockern Sie den Biss wieder. Jetzt sind die Augenbrauen dran: Ziehen Sie die Brauen Richtung Nase zusammen und lassen Sie sie danach wieder los. Ebenfalls drei bis fünf Mal wiederholen. Nun ziehen Sie die Brauen so weit es geht nach oben – und lassen sie wieder sinken. Ebenfalls drei bis fünf Mal wiederholen. Zum Schluss die Augen zusammenkneifen, einen Moment innehalten und wieder öffnen. Jetzt ist der Clown wieder fit!

Nasenspiel Die »Nasen-Wechsel-Atmung« ist eine der wichtigsten Atemübungen im Yoga – Lungen und Blut werden dadurch besser mit Sauerstoff versorgt, der Blutdruck wird reguliert, der Körper erfrischt. Sie arbeiten bei dieser Übung vor allem mit der rechten Hand sowie mit der Nase. Und so funktioniert es: Setzen Sie sich aufrecht hin. Heben Sie Ihre rechte Hand und legen Sie Zeigefinger und Mittelfinger an den Daumenballen. Daumen, Ringfinger und kleiner Finger sind ausgestreckt. Legen Sie nun den Daumen an das rechte Nasenloch und halten Sie es zu. Atmen Sie durch das linke Nasenloch tief und ruhig ein. Legen Sie nun den Ringfinger an das linke Nasenloch, heben Sie den Daumen vom rechten Nasenloch ab und atmen Sie langsam und vollständig rechts aus. Atmen Sie anschließend durch dasselbe, also das rechte, Nasenloch wieder tief ein und verschließen Sie es mit dem Daumen. Heben Sie den Ringfinger links und atmen Sie durch das linke Nasenloch langsam und vollständig aus. Atmen Sie anschließend durch dasselbe, also das linke, Nasenloch wieder tief ein und verschließen Sie es mit dem Ringfinger. Heben Sie den Daumen rechts und atmen Sie mit dem rechten Nasenloch langsam und vollständig aus. Wiederholen Sie diesen Wechsel ungefähr fünf- bis zehnmal – so oft, wie es sich gut für Sie anfühlt.

Fingerübung Zugegeben, weder die Grimassenschneiderei noch das auffällige Zuhalten der Nasenlöcher sind besonders diskrete Techniken, die man – von Kollegen unbemerkt – mal eben schnell hinterm Schreibtisch zum Einsatz bringen könnte. Dafür lässt sich die folgende Akupressurübung relativ unbemerkt ausprobieren. Sie legen die linke Hand mit dem Handrücken nach oben entspannt in den Schoß und konzentrieren sich auf den Winkel von Daumen und Zeigefinger Ihrer linken Hand. Mit Daumen und Zeigefinger der rechten Hand (der Daumen zeigt nach oben) tasten Sie nun den Daumen-Zeigefinger-Winkel der linken Hand ab, bis Sie in der Spitze des Winkels eine Art Kuhle fühlen. Hier liegt ein Akupressurpunkt, der vor allem Nackenverspannungen lösen soll. Pressen Sie diesen Punkt fest zwischen dem Daumen und Zeigefinger der rechten Hand, behalten Sie den Druck eine halbe bis eine Minute bei (so, wie es Ihnen guttut). Atmen Sie dabei ruhig ein und aus. Wechseln Sie danach die Hände. Wichtig: Für schwangere Frauen ist diese Übung nicht geeignet.

Schaukel-Stretching Wenn Ihr Tag besonders anstrengend oder belastend war, hilft am Abend ein kleines Stretching für den Rücken: Einfach entspannt auf dem Teppich oder einer Decke auf dem Boden ausstrecken. Dabei darauf achten, dass der Rücken flach auf dem Boden liegt, das Kinn ist leicht Richtung Brust geneigt, die Schultern sollen möglichst nach unten gezogen werden. Nun beide Knie anwinkeln, die Hände um die Knie legen und die Beine Richtung Bauch ziehen. Dann langsam und genüsslich von der linken auf die rechte Seite rollen und dann wieder zur anderen Seite zurück – das sanfte Schaukeln tut Körper und Seele gut und ist ein schönes Ritual, um aktiv und bewusst von einem anstrengenden Arbeitstag auf einen entspannten Feierabend umzuschalten.

Tipp Nr. 18:
Schluss mit dem Robinson-Gefühl, raus aus der Opferrolle

Kennen Sie das Robinson-Gefühl? Das sehnsüchtige Warten auf den Freitag. Wie kann sich eine Woche bloß so unendlich in die Länge ziehen ...? Wer wartet, wartet und wartet, manövriert sich gedanklich schnell in eine ausweglose »Hilfe, ich bin hier gestrandet«-Situation hinein, die einem nur noch erlaubt, hilflos, verzweifelt und allein auf den einen Tag in der Woche zu warten, der endlich für zwei weitere kostbare Tage Befreiung verspricht von allem Elend dieser (Firmen-)Welt: der Freitag.

Uups – kann ein Job wirklich so schlimm sein? Und wenn ja, warum? Haben Sie sich vielleicht wiederholt über den Chef oder die lieben Kollegen geärgert? Dann täte es gut, darüber zu sprechen und die Situation zu klären.

Oder haben Sie sich die Situation am Ende selbst eingebrockt? Zum Beispiel, weil Sie sich nicht an bestimmte ungeschriebene Gesetze halten und damit allen in der Firma auf die Nerven gehen? Dann hilft oft nur vorläufiger Galgenhumor – und das Sprichwort: »Schlimmer geht immer!« Soll heißen: Immer noch besser, in einer Firma zu sitzen, in der (scheinbar) alle gegen einen sind, als wirklich auf einer einsamen Insel gestrandet zu sein!

Wer sich dauerhaft wie Robinson fühlt, muss das Problem anpacken! Worum Sie sich aktiv kümmern sollten, ist ein Feedback von Kollegen oder Vorgesetzten. Denn so können Sie Ihre gedankliche Situation in der Firma einmal mit der realen Situation vergleichen. Sind Sie tatsächlich so isoliert, wie Sie vermuten? Finden Sie durch ein Gespräch oder eine kurze Nachfrage heraus, ob man zufrieden mit Ihrer Arbeit ist oder nicht. Vielleicht erfahren Sie ja sogar die Anerkennung und Wertschätzung, dic Sie schon so lange vermisst haben.

Wer auf aufmunterndes Feedback wartet, hofft nämlich meist vergeblich, da es die wenigsten Vorgesetzten schaffen, ihre Mitarbeiter zu loben und positiv zu motivieren. Holen Sie sich deshalb am besten regelmäßig eine Rückmeldung.

Rechnen Sie aber auch damit, dass man Sie für Ihr Robinson-Verhalten unter Umständen kritisiert. Denn Sie senden damit ja auch Signale aus (siehe Tipp Nr. 5). Wenn Sie etwas an Ihrer Arbeit, der Aufgabenverteilung im Team oder anderes an Ihrem Arbeitsplatz stört, dann sollten Sie das kommunizieren, statt sich auf Ihrer Insel zu verkriechen. Auch Kritik kann nämlich dazu beitragen, dass Sie aus dem öden und hilflosen Abwarten herausfinden, um endlich etwas an Ihrer unbefriedigenden beruflichen Situation zu ändern. Akzeptieren Sie dabei allerdings auch, dass Ihre Umwelt womöglich ebenso berechtigte Fragen und Ansprüche an Sie hat.

Manchmal ist es unmöglich, am Arbeitsplatz ein konstruktives und klärendes Gespräch zu führen. Sollten Sie sich in Ihrer Firma dauerhaft isoliert und vielleicht sogar gemobbt fühlen, dann hilft eine professionelle Beratung am besten. In diesen Fällen ist die Situation meist zu komplex, um allein alles zu schultern und zu verändern. Hilfe bietet zum Beispiel der »Verein für Arbeitsschutz und Gesundheit durch systemische Mobbingberatung und Mediation e. V.« (www.mobbing-net.de) mit Beratungsstellen in Frankfurt, Hannover und Berlin. Unterstützung gewährt auch der Betriebsrat oder die Abteilung für Arbeitsschutz, falls es diese in Ihrer Firma gibt.

Tipp Nr. 19:
Spielen Sie Montagsmaler

Haben Sie einmal darüber nachgedacht, unter welchen tatsächlichen Umständen Sie sich im Job wirklich wohlfühlen würden und zufrieden sein könnten? Eine interessante Theorie zur Arbeitszufriedenheit stammt von dem amerikanischen Arbeitswissenschaftler und Psychologen Frederick Herzberg aus den sechziger Jahren des vergangenen Jahrhunderts.

Seiner Auffassung nach stellen Zufriedenheit und Unzufriedenheit im Job nicht gegensätzliche Ausprägungen dar, sondern sind unabhängig voneinander zu betrachten. So soll unsere Unzufriedenheit mit der Arbeit vor allem mit äußeren Faktoren beziehungsweise unseren Arbeitsbedingungen zusammenhängen, etwa der Personalpolitik unseres Unternehmens, unserem Status, der fachlichen Kompetenz der Vorgesetzten oder unserer Beziehung zu Vorgesetzten, Kollegen und Mitarbeitern. Sind diese Faktoren ausreichend berücksichtigt und fallen positiv aus, ist man zwar nicht unzufrieden mit der Arbeit, aber auch noch nicht automatisch zufrieden.

Denn Zufriedenheit kann man nach der Theorie Frederick Herzbergs nur über die positive Erfüllung bestimmter innerer Faktoren erreichen, zu denen vor allem Leistungs- beziehungsweise Erfolgserlebnisse gehören. Ebenso wichtig ist es für uns, Anerkennung für die geleistete Arbeit zu bekommen, wir müssen die Arbeit selbst schätzen können, Verantwortung tragen dürfen und Karrierechancen sowie die Möglichkeit zur Persönlichkeitsentfaltung sehen.

Um ganz konkret herauszufinden, unter welchen Umständen man sich im Job tatsächlich wohlfühlen würde, hat die Hamburger Arbeitspsychologin Sibylle Bräuer (*www.sibyllebraeuer.de*)

eine praktische Übung entwickelt. Wichtig zu wissen: Wenn Sie mit dieser Übung wirklich eine Veränderung in Ihrem Arbeitsleben anstoßen wollen, sollten Sie ihr mindestens so viel ernsthafte Aufmerksamkeit widmen wie Ihren beruflichen Aufgaben.

Das heißt: Sie brauchen für diese Übung Ihre volle Aufmerksamkeit. Sie können diese Übung am Stück machen oder über einen längeren Zeitraum entwickeln – Hauptsache, Sie nehmen sich dafür so viel Zeit, wie Sie brauchen. Und nun geht es los:

1. **Schritt:** Gehen Sie in Gedanken die unten stehenden Fragen durch. Malen Sie sich in Ihrer Fantasie (oder tatsächlich mit Pinsel und Papier) möglichst konkret die Rahmenbedingungen aus, die Ihnen eine optimale Gefühlslage bei der Arbeit ermöglichen.
2. **Schritt:** Schreiben Sie diese Gedanken auf und füllen Sie alle Fragen Stück für Stück mit Leben, indem Sie Ihre Ideen möglichst detailliert ausführen. Sehr wichtig: Formulieren Sie Ihre Vorstellungen nicht in der Zukunfts- oder Möglichkeitsform, sondern konsequent in der Gegenwart und in der Ich-Form. Hier ein Beispiel: »Auf meinem Schreibtisch stehen Blumen. Mein Schreibtisch ist groß, weiß und sehr aufgeräumt. Mein Arbeitszimmer hat große Fenster, ist hell und angenehm temperiert …«

Stellen Sie sich diese Fragen:

- Meine äußere Erscheinung (Haltung, Haare, Kleidung, Mimik)?
- Der Ort, an dem ich tätig bin (Stadt, Gebäude, Raum)?
- Wie bin ich dort hingekommen (zu Fuß, mit dem Auto …)?

- Wer kennt mich dort?
- Was tue ich dort?
- Wie werde ich dort angesprochen?
- Für wen bin ich tätig?
- Auf wen gehe ich zu?
- Wie spreche ich über meine Leistungen?
- Welche Ausstrahlung habe ich?

3. Schritt: Haben Sie Ihre persönlichen Vorstellungen, Bedürfnisse und Wünsche möglichst konkret formuliert? Dann erfordert der nächste Schritt die Bereitschaft, aktiv zu werden. Welche Details Ihrer Vorstellungen sind Ihnen besonders wichtig? Legen Sie Schwerpunkte fest und überlegen Sie sich dann praktische Aktionen beziehungsweise Taten, die Ihnen helfen, dem angestrebten Berufs- und Lebensgefühl näher zu kommen. Schreiben Sie sich mindestens eine Tat pro Woche (oder Monat) in Ihren Terminkalender, um sie auch wirklich umzusetzen. Vereinbaren Sie zum Beispiel einen Termin mit jemandem, um über Ihre Leistungen zu sprechen. Planen Sie einen Einkaufsbummel, um nach einem Anzug oder einem anderen Lieblingsoutfit für den Job zu schauen. Aktualisieren Sie Ihren Lebenslauf, um sich gegebenenfalls für eine neue Stelle zu bewerben …

Tipp Nr. 20:
Ziehen Sie Ihr Lieblingsoutfit an

Unmotiviert, genervt, lustlos – und dann steht man am Montagmorgen auch noch völlig ratlos vorm Kleiderschrank und weiß absolut nicht, was man anziehen soll. Vom Gefühl her am liebsten Jeans und den grauen Rollkragenpulli. Aber fürs Büro ist das Outfit doch zu leger. Dann den blauen Rock mit weißer Bluse, da kann man nichts falsch machen. Oder den Nadelstreifenanzug vielleicht; na ja, auch nicht gerade ein echtes Lieblingsteil, oder?

»Sich wohlzufühlen bedeutet heutzutage für jeden etwas anderes«, schreibt die New Yorker Modejournalistin und Stilexpertin Amy Fine Collins (*Harper's Bazaar*, *Vanity Fair*) über den Balanceakt zwischen persönlichem Wohlbefinden und modisch gutem Aussehen. Die einen lieben Rollkragenpullover, weil sie sich darin geborgen fühlen. Andere hassen Rollis, weil sie meinen, darin zu ersticken. Manche Frauen mögen Hosen, weil sie so herrlich bequem und lässig sind. Andere finden, dass Hosen grundsätzlich kneifen, und es für eine Frau nichts Schöneres gibt, als einen Rock zu tragen. Die große Frage lautet also: Können Sie auf Anhieb sagen, welches zurzeit Ihr absolutes Lieblingsoutfit für den Job ist? Falls ja, ist der Montagmorgen zumindest kleidungstechnisch gerettet. Denn je schlechter Ihre Laune, umso wichtiger ist es, dass Sie mit sich selbst liebevoll umgehen und zufrieden sind. Da ist ein Outfit, in dem man sich rundum wohlfühlt, genau das Richtige.

Falls Sie gerade kein Lieblingsoutfit haben, lautet die nächste Aufgabe: Gehen Sie zu Ihrem Kleiderschrank und finden Sie heraus, in welchen Kleidungsstücken Sie sich besonders wohlfühlen. Stellen Sie aus diesen Teilen ein Lieblingsoutfit zusammen.

Die gute Nachricht: Vor allem Frauen haben heute im Berufsleben in puncto Stil und Styling so viele modische Freiheiten wie nie zuvor. Ob Sie eher ein klassischer Typ sind oder gern aktuelle Trends mitmachen: Es gibt für jeden Geschmack eine Fülle von Möglichkeiten, und mit Accessoires wie Schals, Taschen, Uhren oder Schmuck lassen sich individuelle Akzente setzen. Noch ein kleiner Tipp: Bei Neuanschaffungen lohnt es sich fast immer, etwas mehr Geld für zeitlose Stücke sowie eine gute Qualität auszugeben, denn von Klassikern wird man für mehr als eine Saison seriös begleitet. Vertraute Schmuckstücke können bei wichtigen Terminen auch als »Glücksbringer« fungieren.

Tipp Nr. 21:
Gönnen Sie sich ein schönes Frühstück

Ein gutes Startkapital für jeden anstrengenden Arbeitstag und gerade für den nervenaufreibenden Montag ist ein gesundes Frühstück. Es hebt den Blutzuckerspiegel und steigert die Leistungsfähigkeit des Gehirns. Studien haben auch gezeigt, dass regelmäßig frühstückende Menschen weniger Arbeitsunfälle haben. Frühstücken kurbelt nämlich die Konzentration an, beugt Müdigkeit vor und schützt vor Stress, da Kohlenhydrate den Serotoninspiegel im Körper erhöhen (der Muntermacher ist unter anderem für unsere Stimmung verantwortlich).

Ob zum Frühstück oder zwischendurch: In puncto Kaffee scheiden sich die Geister gesundheitsbewusster Ernährung. Manche Experten meinen, darauf solle man lieber verzichten, da Kaffee dem Körper Wasser entziehe und nervös mache. Dagegen stellt die Deutsche Gesellschaft für Ernährung klar, dass Kaffee kein Flüssigkeitsräuber sei. Kaffee sollte aber wegen seiner anregenden Wirkung auf Herz und Kreislauf nicht zum Durstlöschen getrunken werden – gegen den täglichen Genuss von bis zu vier Tassen Kaffee sei allerdings nichts einzuwenden (ideale Durstlöscher sind Wasser, Schorlen aus Fruchtsaft und Wasser oder Früchte- und Kräutertees).

Außerdem haben Wissenschaftler herausgefunden, dass Lebensmittel, die wir unter dem Eindruck zum Beispiel positiver Stimmungen zu uns nehmen, die Chemie unseres Gehirns und somit auch unsere Gemütslage beeinflussen können (»Mood Food«). Mit anderen Worten: Ein gut duftender frischer Kaffee oder eine eisgekühlte Cola kann Balsam für die Seele sein!

Tipp Nr. 22: Seien Sie nett zu sich selbst, denken Sie positiv

Manche Montage sind wie verflixt: Da ist man mal wieder in letzter Minute aufgestanden, hat stundenlang den Autoschlüssel gesucht (dabei lag dieser längst ordentlich in der Handtasche), auf dem Weg zur Arbeit standen ausnahmslos alle Ampeln auf Rot – und dann ist auch noch weit und breit kein Parkplatz in Sicht! Kein Wunder, dass Sie zu spät zur Arbeit kommen und Ihre Kollegin Ihnen genervt einen Zettel unter die Nase hält, auf dem steht, wer in der ersten halben Stunde des jungen Montags schon alles versucht hat, Sie zu erreichen. Und da sollen Sie nicht sauer auf sich selbst sein? Und Sie sollen das Ganze einfach mal eben positiv sehen?

STOPP! Ganz so einfach geht es natürlich nicht! Auch mit rosaroter Brille werden die Ampeln auf Rot bleiben, der Schlüssel in der Handtasche verschwunden und die Kollegin genervt sein. Denn positives Denken schafft nicht einfach alle Probleme aus der Welt.

Aber es hilft, anstehende Probleme lockerer zu bewältigen, es schafft ein positives Grundgefühl und verhilft Ihnen zu einer angenehmen Ausstrahlung. Solange wir in Gedanken mit uns selbst schimpfen oder unser eigenes Verhalten negativ bewerten, drehen wir uns im Kreis. Zum Beispiel denken wir »Typisch, erst nicht aus dem Bett kommen und dann den Schlüssel nicht finden...« und machen uns genervt auf die Suche. Wir könnten stattdessen aber auch denken »Der Schlüssel hängt nicht an seinem Platz? Dann hab ich ihn wohl schon eingesteckt...« und als Erstes die Jacke oder die Handtasche kontrollieren. Sind wir »negativ« unterwegs und meinen, sowieso wieder keinen Parkplatz zu finden, achten wir nur auf die besetzten Parkplätze! Programmieren wir unsere Aufmerksamkeit dagegen auf freie Parklücken, haben wir gute Chancen, schneller fündig zu werden.

Das heißt: Beim Nettsein zu sich selbst beziehungsweise beim positiven Denken geht es gar nicht so sehr darum, was gut oder schlecht ist, sondern es geht um das Prinzip von Ursache und Wirkung. Stelle ich mich mit meinen Gedanken am Montagmorgen auf positive Erlebnisse ein, so werden diese auch eintreffen, weil ich aufmerksamer für sie bin. Ein psychologischer Mechanismus, der schon in vielen Studien wissenschaftlich belegt wurde. Sie möchten in Zukunft gern öfter positiv denken und handeln? Hier sind drei kleine Glücksstrategien für jeden Tag.

1. Manchmal merken wir die eigene schlechte Laune erst, wenn uns andere gereizt darauf aufmerksam machen. Besser: Machen Sie einen kleinen morgendlichen Check: Wie bin ich heute drauf? Tendiert die Stimmung gegen null, überlegen Sie, was Sie brauchen, damit es Ihnen besser geht. Ist noch Zeit für einen Milchkaffee? Eine SMS oder ein kurzes Telefonat mit dem Liebsten? Verordnen Sie sich zusätzlich gezielt positive Gedanken, um besser für den Tag gerüstet zu sein.
2. Schenken Sie – gerade wenn's mal nicht so gut im Job läuft – den Kunden, Ihren Kollegen und Vorgesetzten Ihre ungeteilte positive Aufmerksamkeit. Die Konzentration auf andere stoppt automatisch Ihren eigenen negativen Gedankenfluss.
3. Ihre Kollegin arbeitet mit einem völlig anderen System als Sie? Die anderen im Team können mit Ihrem gut gemeinten Vorschlag gar nichts anfangen? Bitte nicht ärgern! Stattdessen einfach mal wundern – da hat jemand ganz andere Vorstellungen oder Maßstäbe als Sie selbst. Und welche? Finden Sie es heraus, suchen Sie den Austausch mit Ihrer Umwelt, statt zu grummeln.

Tipp Nr. 23: Schluss mit vorauseilendem Gehorsam

Sie wissen sowieso schon genau, was der nächste Montag Ihnen bringt? Sie werden wie an jedem Arbeitstag als Erstes Ihren PC hochfahren, nebenbei den Anrufbeantworter und Ihren Terminkalender checken und sich dann dem üblichen Tagesgeschäft widmen? So wie jeden Montag, Dienstag, Mittwoch, Donnerstag, Freitag? Falls es tatsächlich so ist, sollten Sie sich einmal fragen, wer genau Ihnen diesen Tagesablauf eigentlich »verordnet« hat – und ob nicht gewisse Änderungen oder Neuerungen eine willkommene Abwechslung zu Ihrer Routine wären. Mit anderen Worten: Überlegen Sie doch einmal, ob Sie den Ihnen zustehenden Gestaltungsspielraum im Job wirklich voll ausnutzen.

Oft halten wir uns im Job an ungeschriebene »Gesetze« oder Regeln, die wir irgendwann übernommen haben. Zeit, sich diese Richtlinien einmal klarzumachen und sie zu hinterfragen. Kann man bestimmte Arbeitsabläufe wirklich nur auf diese eine Art erledigen? Oft handelt man routiniert und – unbewusst – in vorauseilendem Gehorsam, obwohl sich am Arbeitsplatz vielleicht ganz andere Entwicklungsmöglichkeiten bieten könnten. Manche Tätigkeiten oder Arbeitsgewohnheiten haben sich vielleicht im Lauf der Monate oder Jahre herausgebildet, sind aber überhaupt nicht zwingend notwendig und könnten gut eine »Aktualisierung« gebrauchen.

Haben Sie bis jetzt vielleicht zu selten über Ihre Wünsche am Arbeitsplatz gesprochen? Viel zu selten oder gar nicht aktiv nach Möglichkeiten gesucht, etwas umzumodeln? Das geht den meisten Menschen so. Den Gedanken, die Chefin oder den Chef um etwas zu bitten oder gar von sich aus eine Verbesserungsidee einzubringen, finden viele anmaßend. Und andererseits beklagen sich dann viele Führungskräfte über die mangelnde Eigeninitiative ihrer Mitarbeiter, sodass die einen meinen, sie dürfen nicht – und die anderen denken, die wollen nicht!

Folgende drei Aspekte helfen, das eigene Verhalten zu reflektieren und den persönlichen Gestaltungsspielraum genauer abzustecken.

1. *Was genau könnten Sie an den Rahmenbedingungen und Strukturen an Ihrem Arbeitsplatz ändern und was nicht?*
   Hilfreich hierfür ist, einmal in Gedanken einen typischen Arbeitstag oder sogar eine Arbeitswoche durchzugehen, eventuell mithilfe einer Liste. Müssen montags wirklich alle schon um acht Uhr am Platz sein? E-Mails ausgedruckt und abgelegt werden? Macht ein Meeting jeden Tag Sinn? Termine, Dinge und Arbeitsabläufe, die sich ändern lassen, sollten Sie am Arbeitsplatz ansprechen – so können Sie nicht nur Ihre eigene Arbeitszufriedenheit verbessern, sondern damit Ihren Kollegen in der Firma neue Wege eröffnen, von denen alle profitieren.

2. *In welchen Bereichen haben Sie vielleicht selbst Anteil an der unbefriedigenden Situation?*
   Sie ärgern sich darüber, dass immer nur Sie dringend benötigtes Büromaterial bestellen oder sich um das Projekt XYZ kümmern? Hand aufs Herz in Bezug auf alle kleinen und großen Dinge, die Sie ärgern: Was haben Sie wirklich schon konkret unternommen, um daran etwas zu ändern? Und was könnten Sie in Zukunft tun, um die erwünschten Veränderungen anzuschieben?

3. *Ist Ihnen wirklich im Einzelnen klar, wofür Sie an Ihrem Arbeitsplatz verantwortlich sind beziehungsweise welche Aufgaben Sie übernommen haben?*

Hintergrund dieser Frage: In bestimmten Projekt-, Aufbau- oder Stressphasen bilden sich am Arbeitsplatz (in manchen Abteilungen, in manchen Firmen) Aufgabenverteilungen oder Strukturen heraus, die oft auch dann beibehalten werden, wenn sie längst nicht mehr notwendig sind. Überlegen Sie: Gibt es in Bezug auf Ihren Job Aufgaben, die in einer bestimmten Arbeitsphase sinnvoll waren, aber heute durchaus anders organisiert werden könnten – und damit vielleicht sogar Spielraum für neue und spannendere Herausforderungen schaffen?

Tipp Nr. 24:
Wie der nächste Montag ablaufen soll, bestimmen Sie

Mit dem Wecker aufstehen, zur Arbeit hetzen, funktionieren – montags müssen wir uns nach zwei Tagen schönster Wochenendfreiheit wieder in das Arbeitsleben einordnen. Ob wir wollen oder nicht: Jetzt geht die Woche wieder los, und keiner hat nach unserer Einwilligung gefragt. »Fremdbestimmt zu werden – das ist etwas, worauf Menschen und sogar Tiere mit Stress und Depressionen reagieren«, sagt der Philosoph und Bestsellerautor Stefan Klein (*Die Glücksformel*) und stellt fest, dass es kaum etwas gibt, das so entscheidend für unser Wohlbefinden ist wie die Möglichkeit, selbstbestimmt über unsere Zeit zu verfügen.

Aber gerade das ist heute oft viel schwerer, als wir es uns wünschen. Neue Informations- und Kommunikationstechniken haben Arbeitsprozesse verändert und verändern sie weiter. Ob Produktion, Kommunikation oder Service: Immer häufiger ersetzt die Technik persönliche Gespräche und Kontakte im Job, Arbeitsabläufe werden beschleunigt, verdichtet oder ausgelagert und in vielen Branchen dadurch weniger durchschaubar oder kontrollierbar. Die Folge: Vor allem Mitarbeiter großer Firmen und Konzerne können sich immer weniger mit ihrer Arbeit identifizieren und fühlen sich oft fremdbestimmt. So gibt nur jeder fünfte Angestellte (21 Prozent) von weltweiten Großunternehmen im Job mehr, als er muss, das ergab eine Studie des Beratungsunternehmens Towers Perrin unter 90 000 Angestellten in 18 Ländern. Dagegen gaben 38 Prozent der Befragten an, ihre Arbeit desillusioniert und unengagiert zu erledigen.

Aber wieso geht so vielen Menschen das Gefühl von Selbstbestimmung bei der Arbeit verloren? Ein Grund könnte die allseits geforderte Flexibilität sein. Sie führt häufig dazu, dass persönliche Erwartungen, Bedürfnisse oder Ideen in Bezug auf die Arbeit hintangestellt werden, bis man schließlich nicht mehr weiß, was man selbst eigentlich wollte oder welche Ziele die Firma verfolgt. Man verliert die eigenen Motive aus den Augen. »Ein Prozess, der vielen Mitarbeitern gar nicht klar ist, denn kurzfristig bekommt man ja für die gezeigte Flexibilität positives Feedback«, erklärt die Hamburger Arbeitspsychologin Sibylle Bräuer. Dass viele Menschen damit langfristig Raubbau an ihrem Selbstbestimmungsgefühl und der eigenen Motivation treiben, spüren die meisten erst dann, wenn sie beides verloren haben.

Mit Flexibilität, Mobilität und Multitasking löst sich darüber hinaus die zeitliche und räumliche Trennung von Arbeitszeit und Freizeit immer weiter auf. Wir checken E-Mails im Urlaub, telefonieren mal eben kurz, obwohl eigentlich Wochenende ist, haben Handy, Blackberry oder Laptop rund um die Uhr dabei. Natürlich kann das alles wunderbar funktionieren und sehr effektiv sein. Gleichzeitig ist es aber gerade bei nicht klar definierten Arbeitszeiten und Arbeitsanforderungen oft schwer, den Überblick zu behalten und dabei gut auf sich selbst zu achten. »Die große Frage ist zum Beispiel, ob man rechtzeitig merkt, ab wann sich das coole Firmenhandy langsam, aber sicher zum Beziehungsfeind entwickelt«, sagt Sibylle Bräuer. »Die Fähigkeit dazu wiederum hat viel mit Achtsamkeit für die eigenen Bedürfnisse und Ziele sowie mit aufmerksamer Selbstbeobachtung zu tun«, fährt die Arbeitspsychologin fort und fügt hinzu: »Das ›moderne‹ Arbeitsleben stellt völlig neue Anforderungen an unser Selbstmanagement.«

Diese Ansicht teilt auch der amerikanische Glücks- und »Flow«-Forscher Mihaly Csikszentmihalyi. Um eine langes Berufsleben hindurch immer wieder erfüllende und beglückende »Flow«-Erlebnisse haben zu können, ist es sehr wichtig, selbstbestimmt zu handeln beziehungsweise in der Lage zu sein, das eigene Bewusstsein zu steuern. »Vom Standpunkt der Flow-Theorie aus gesehen heißt Selbstmanagement im Wesentlichen, dass man lernt, Aufmerksamkeit, Zeit und Gewohnheiten mit der Vision für das eigene Selbst zur Deckung zu bringen«, erklärt der Psychologe.

Aber was genau ist damit gemeint? Und welche konkreten Handlungsschritte lassen sich aus Mihaly Csikszentmihalyis Worten ableiten?

Setzen Sie sich konkrete Ziele Um ein Leben lang motiviert und selbstbestimmt arbeiten zu können, brauchen wir möglichst konkrete Ziele und Wertvorstellungen, an denen wir unser Handeln im Alltag ausrichten und orientieren können – sozusagen eine Vision für unser eigenes Selbst. Wo und wie wollen wir arbeiten (siehe auch Tipp Nr. 11, Nr. 19 und Nr. 43)?

Seien Sie aufmerksam Wir sollten unsere Gefühle und Handlungen immer wieder aufmerksam beobachten, um in lebendigem Kontakt mit uns selbst und unseren eigenen Bedürfnissen zu sein – ob von Tag zu Tag oder von Woche zu Woche. Aber die Aufmerksamkeit bei der Arbeit erfüllt noch eine andere wichtige Funktion, erklärt Mihaly Csikszentmihalyi: »In der Regel gilt unsere Aufmerksamkeit den Dingen, die wir mögen, die uns interessieren, die unsere Fähigkeiten in Anspruch nehmen. Aber der Zusammenhang funktioniert auch andersherum: Irgendwann mögen wir die Dinge, denen wir unsere gezielte Aufmerksamkeit zuwenden.«

Überprüfen Sie Ihre Gewohnheiten Folgt unsere Aufmerksamkeit immer wieder den gleichen Bahnen, so der Experte, entstehen daraus Gewohnheiten. Die sind hilfreich – müssen aber auch immer wieder von uns überprüft werden: Sind die Gewohnheiten, die ich habe, (noch) hilfreich? Unterstützen sie mich bei meiner persönlichen Entwicklung und bei meiner Arbeit? Oder hemmen sie mich eher?

Gehen Sie selbstbestimmt mit Ihrer Zeit um Wir brauchen nicht zuletzt einen klugen und selbstbestimmten Umgang mit der Zeit, indem wir uns bewusst machen und klären, wie unsere ideale Balance von Arbeits- und Privatleben aussehen soll. Überlegen Sie zum Beispiel einmal grundsätzlich, wie viele Stunden Sie pro Woche arbeiten wollen. Oder wie viel Zeit Sie für die Familie und/oder andere Menschen haben. In einem gut funktionierenden selbstbestimmten Arbeitsalltag ist es wichtig, immer wieder für die angestrebte Balance einzustehen – am Montag genauso wie an jedem anderen Tag der Woche.

Tipp Nr. 25:
Tricksen Sie lästige Energieräuber aus

Es gibt schöne Träume und positive Gedanken, die sorgen für gute Laune. Und es gibt grüblerische Fragen und negative Gedanken, die können einem schon gleich am Montagmorgen jede Energie rauben. Damit Sie solche zunächst harmlos erscheinenden Gedanken in Zukunft rechtzeitig erkennen, hier eine Hitliste der drei größten Energieräuber:

1. Negatives Denken (»Heute wird bestimmt wieder so ein hektischer Tag...«).
2. Überforderung und damit verbundene Ängste (»Ich schaffe das alles nicht, warum hilft mir keiner...«).
3. Grüblerische Fragen aller Art (»Warum bin immer ich diejenige, die das Geld für Geburtstagsgeschenke einsammelt?«, »Wieso muss immer ich die schwierigen Kunden übernehmen?«, Weshalb werde ich nicht endlich befördert?«).

Alle drei »Kandidaten« haben das Zeug dazu, unauffällig zu vereiteln, dass die Arbeit selbstverständlich läuft und Spaß macht. Wie die Energieräuber das machen? Sowohl Ängste als auch negative Gedanken und grüblerische Fragen leiten oft eine Art inneren Dialog mit eigendynamischen Kettenreaktionen ein, die selten konstruktiv sind. Zum Beispiel setzen wir den Gedanken »Heute wird bestimmt wieder so ein hektischer Tag...« fort mit weiteren Katastrophenszenarien: »...und der Chef hat wahrscheinlich die schlechteste Laune von allen und wird sie wieder an mir auslassen...« Angst vor Überforderung lässt uns innerlich mutlos werden (»Ich schaffe das alles nicht… na, da kann ich ja eigentlich auch gleich wieder nach Hause gehen.«). Die grüblerischen Wieso-Weshalb-Warum-Fragen sollten eigentlich auf der Stelle verboten werden, denn sie führen häufig in eine Spirale negativer Befürchtungen (»Weshalb werde ich nicht endlich befördert?«, fragen wir uns und denken schon im nächsten Moment: »Weil sich sowieso niemand für mich einsetzt.«).

Da gibt es nur eins: Tricksen Sie diese Energieräuber aus! Indem Sie die negativen Gedanken sowie die sich daraus ergebenden Fragen umformulieren und positive, lösungsorientierte Fragen daraus machen:

- »Was kann ich tun, damit der Montag heute nicht so hektisch wird, sondern nach meinen Spielregeln läuft?«
- »Wie schaffe ich es, mir für meine Projekte und Aufgaben Unterstützung zu organisieren?«
- »Wie kann ich mich in meiner Position noch mehr qualifizieren? Wer ist mein Ansprechpartner in puncto Beförderung?«

Der große Vorteil: Positiv formulierte, lösungsorientierte Fragen führen automatisch zu einer konkreten Antwort oder Strategie und bringen uns deswegen sogar dazu, aktiv zu werden, statt uns hilflos und ohnmächtig zu fühlen.

Tipp Nr. 26:
Werden Sie bei Stress aktiv

Woran liegt es bloß, dass die Wochenenden einem immer viel zu kurz vorkommen, und man an den Arbeitstagen häufig das Gefühl hat, nicht alles zu schaffen, was man sich vorgenommen hat? Dass man sich mehr oder weniger ständig gehetzt fühlt, egal ob in der Freizeit oder im Büro?

Stress im Privatleben beziehungsweise im Beruf kann ganz verschiedene Ursachen und Auswirkungen haben. Deshalb lohnt es sich, das eigene Stressverhalten einmal genauer unter die Lupe zu nehmen.

Stress in seiner positiven Form ist ein Antreiber, der uns in bestimmten Lebensphasen zu Höchstleistungen anspornt. Übersteigt er jedoch ein gewisses Maß, so kann Stress auch sehr belastend werden und auf Dauer sogar krank machen. Die gute Nachricht: Wir sind dem Ganzen nicht hilflos ausgeliefert, sondern können aktiv dagegen angehen. Denn jeder Mensch entwickelt im Lauf seines Lebens bestimmte Bewältigungsstrategien, um besser mit Belastungen und Stress zurechtzukommen. So pflegen manche von uns ein intensives Hobby oder treiben Sport, andere arbeiten noch mehr oder schlagen in ihrer Freizeit ordentlich über die Stränge …

Sie sehen: Nicht alle Stressbewältigungsstrategien sind optimal. Doch wie kann man herausfinden, mit welcher Strategie man den eigenen Stress am besten abschüttelt? Das kommt ganz darauf an, unter welcher Art von Stress man am meisten leidet. Vielleicht erkennen Sie sich und Ihr Arbeitsverhalten in einer der folgenden vier Beschreibungen wieder. Dann können Sie dort auch nachlesen, welche Entspannungsmethode gut für Sie geeignet ist, weil sie sozusagen direkt an Ihrem Stressverhalten andockt.

Die verschiedenen Stresstypen

Der Löwe

Das macht Ihnen Stress: Sie sind ein leistungsorientierter Mensch. Ihr Motto: Bloß nicht aufgeben! Je größer der Stress, desto mehr strengen Sie sich an.

Das können Sie besser lösen: Der starke Löwe muss in Belastungssituationen lernen loszulassen.

Die passende Entspannungsmethode: Progressive Muskelentspannung.

Die Maus

Das macht Ihnen Stress: Mäuse sind von Natur aus Fluchttiere, und wenn man sie jagt, reagieren sie panisch. Ihr Motto: Mach lieber noch schneller!

Das können Sie besser lösen: Die hektische Maus braucht eine Entspannungsstrategie, mit der sie ihr eigenes Verhalten steuern kann, statt kopflos zu agieren.

Die passende Entspannungsmethode: Autogenes Training oder Qigong.

Das Zebra

Das macht Ihnen Stress: Zebras registrieren als Herdentiere stets, was links und rechts von ihnen passiert. Ihr Motto unter Stress: Achte gut auf die anderen!

Das können Sie besser lösen: Die sensiblen Zebras brauchen innere Stärkung, um mehr bei sich bleiben zu können – ideal sind Ausdauersportarten.
Die passende Entspannungsmethode: Walking, Jogging oder Qigong.

Die Ameise

Das macht Ihnen Stress: Die Ameise tut alles, um Stress gar nicht erst aufkommen zu lassen. Stets ist sie perfekt vorbereitet – aber selten wirklich entspannt.
Das können Sie besser lösen: Tief durchatmen und zu neuer Gelassenheit finden – genau das Richtige für die fleißige Ameise.
Die passende Entspannungsmethode: Hatha-Yoga.

Die verschiedenen Entspannungsmethoden

Progressive Muskelentspannung: Loslassen lernen!

Wenn der Geist ruhig und gelassen ist, ist auch der Körper entspannt. Eine These, die wir dem amerikanischen Physiologen Edmund Jacobson verdanken. Mit der von ihm entwickelten progressiven Muskelentspannung kann man lernen, den Unterschied zwischen Anspannung und Entspannung wieder deutlicher wahrzunehmen. Genau dieses Gefühl ist nämlich vielen von uns abhanden gekommen. Mit den Übungen erzielt man durch systematisches, aufeinanderfolgendes (also »progressives«) An- und Entspannen bestimmter Muskelgruppen eine tiefe Entspannung.

Wie genau das funktioniert? Man legt sich zum Beispiel locker auf eine weiche Unterlage, ballt eine Hand zur Faust und drückt sie nach und nach immer fester zusammen. Dabei zählt man langsam bis sieben, dann entspannt man die Faust schlagartig, lässt also los. Auf diesem Effekt beruht die Muskelentspannung – und man »arbeitet« Stück für Stück alle Körperteile durch: Oberarme, Gesicht, Brust, Schultern, Rücken, Bauch, Oberschenkel, Po, Beine und Füße.

Autogenes Training: Ich bin gaaanz ruhig ...

»Mein rechter Arm ist ganz schwer«, »Mein Körper ist angenehm warm« – das autogene Training basiert auf diesen und ähnlichen Übungsformeln, die man anfangs am besten täglich wiederholt. Eine Art Selbstbeeinflussung, die hilft, sich besser zu konzentrieren und Stress oder Anspannung abzubauen. Wörtlich übersetzt heißt autogenes Training so viel wie »aus dem Selbst entstehendes Training«. Es stützt sich auf die Tatsache, dass das vegetative Nervensystem über diese konzentrierte Selbstentspannung gezielt beeinflusst werden kann. Mit anderen Worten: Es ist möglich, Stress auch willentlich abzubauen. Die Übungen entspannen nicht nur Muskeln und Gefäße, sondern wirken auch harmonisierend auf die Atem- und Herztätigkeit. Darüber werden unter anderem das harmonisierende Serotonin, der körpereigene Beruhigungsstoff Endovalium, verschiedene Glückshormone sowie das Melatonin stimuliert, welches unseren Biorhythmus prägt.

Walking oder Jogging: Wieder in Bewegung kommen

Noch vor 100 Jahren gingen die Menschen jeden Tag knapp 17 Kilometer zur Arbeit, heute gehen berufstätige Menschen durchschnittlich 750 Meter, denn einen Großteil unserer Zeit verbringen wir Tag für Tag im Sitzen. Wissenschaftler schätzen, dass mehr als die Hälfte aller chronischen Erkrankungen auf Bewegungsmangel zurückzuführen sind. Ausreichend Bewegung kann dagegen den Gesundheitszustand unseres Herz-Kreislauf-Systems und Stoffwechsels langfristig verbessern. Wer lange wenig oder gar keinen Sport getrieben hat, ist wahrscheinlich mit einem Einsteigerkurs gut beraten (in Sportvereinen, Gesundheitszentren oder über die Krankenkassen). Nach einem Leistungstest beziehungsweise einer Art Bestandsaufnahme steht meistens die Anleitung zu einem regelmäßigen Training auf dem Stundenplan – je nach Alter und Leistungsfähigkeit können das zum Beispiel Walking, Jogging oder auch Formen des Nordic Walkings sein. Da die ungewohnte Bewegung zunächst kleinere Probleme an Muskeln, Sehnen oder Gelenken nach sich ziehen kann, gehören Übungen zur Kräftigung und Dehnung der Muskulatur von Anfang an dazu.

Hatha-Yoga: Tief durchatmen im Hier und Jetzt

Yoga setzt auf drei Ebenen an. Erstens: Körperübungen sorgen für Dehnung sowie Beweglichkeit und entspannen die Muskulatur. Zweitens: Bewusste Atemübungen beruhigen und vertiefen die Atmung. Und drittens: Meditative Anteile beruhigen und erhöhen die Sensibilität für das eigene Befinden. Bei uns im Westen wird Yoga vor allem als eine Art Körperarbeit gelehrt, im alten Indien galt es als der Weg zur Selbstverwirklichung. So entwickelten sich über die Jahrhunderte zahlreiche Methoden und Techniken, Körper und Geist zu schulen. Von den insgesamt fünf großen Yoga-Wegen hat sich bei uns vor allem das Hatha-Yoga mit seinen Körperhaltungen (Asanas) und Atemübungen etabliert. Wohin strömt der Atem, wenn wir sitzen? Wie fließt er im Liegen? Im Yoga-Unterricht lernt man bestimmte Bewegungsabfolgen und Körperhaltungen, die man sich merken muss und die durchaus anstrengend sein können. Ein Klassiker ist zum Beispiel der »Sonnengruß«, eine Folge von zwölf Übungen im Stehen, Sitzen und Liegen.

Qigong: Alle Energien im Fluss ...

Tiger, Kranich oder das Spiel der fünf Tiere: Qigong-Übungen bestehen aus ruhigen, fließenden Bewegungsabläufen, die dazu dienen, sich innerlich zu sammeln und Spannungen abzubauen. Nach den Vorstellungen der Traditionellen Chinesischen Medizin, auf der Qigong basiert, ist das »Qi« eine universelle Lebensenergie, die durch den Körper fließt. Mit verschiedenen Übungen soll diese Lebensenergie positiv geleitet und ausbalanciert werden. Ruhige Übungen, die zum Teil an das autogene Training, zum Teil auch an Yoga erinnern, ergänzen das Entspannungsprogramm.

Tipp Nr. 27: Dieser Tee macht gute Laune

Extra für alle Montagsmuffel hat Simone Schalk, Kräuterfrau aus Molmerswende im Harz (*www.diekraeuterfrau.de*), eine besondere Tee- beziehungsweise Kräutermischung kreiert, die motiviert und gute Laune macht. Die Expertin wohnt auf einem alten Bauernhof und hat sich für ihre Kreation von der Sonne und ihrem umfangreichen Wissen über Heilkräuter inspirieren lassen. Bestandteil ihrer Gute-Laune-Mischung sind Melisse (»Eine ausdauernde Pflanze, die ursprünglich aus dem Mittelmeerraum kommt und sehr ausgleichend wirkt.«), Johanniskraut (»Das ist eins der wichtigsten Sommer- und Sonnenkräuter – sozusagen von der Sonne durchdrungen.«), Weißdornblätter und -blüten (»Sie machen unser Herz, wenn es aus dem Gleichklang geraten ist, wieder stark.«), Rosenblüten (»Sie sprechen unsere Seele und alle Sinne an, man darf sie gern im Garten oder von Wildrosen selbst ernten.«) sowie Eisenkraut (»mit seinem frischen, zitronigen und klaren Duft«). Und hier das Rezept:

Man nehme für den Montagstee:

10 g Melisse
10 g Johanniskraut
10 g Weißdornblätter und -blüten
10 g Rosenblüten
10 g Eisenkraut

Für eine Tasse Tee übergießt man einen Teelöffel der Mischung mit kochendem Wasser und lässt die Kräuter und Blüten etwa fünf Minuten beziehungsweise nach Geschmack ziehen. Den Montagstee kann man bis zu drei Mal täglich trinken (und nicht nur montags!) und dabei seinen wunderbaren Duft genießen. Perfekt, um die Stimmung aufzuhellen, gute Laune zu bekommen und die inneren Kräfte mobilisieren. Alle Zutaten sind in Apotheken und Kräuterhäusern erhältlich.

Tipp Nr. 28: Gestalten Sie Ihren Arbeitsplatz arbeitsfreundlich

Das A und O für Montagsmuffel: Sorgen Sie dafür, dass Sie montagmorgens an einen ordentlichen, freundlichen Arbeitsplatz kommen. »Die Arbeitsgedanken sollen schließlich anfangen zu fließen und nicht stagnieren, weil sie durch mühsames Aufräumen blockiert sind!«, erklärt die Wiesbadener Innenarchitektin und Feng-Shui-Beraterin Karin Hopf (*www.kreatives-raumkonzept.de*). Das setzt allerdings voraus, dass man sich am Freitagnachmittag ein paar »Räumminuten« gönnt, bevor man ins Wochenende verschwindet.

Im Folgenden erklärt die Expertin, worauf Sie achten sollten, damit Kreativität und positive Energie an Ihrem Arbeitsplatz wirklich wieder optimal sprudeln können:

Stauraum und neue Strukturen schaffen Effektives, freudiges Arbeiten geht mit Überblick und Qualität am Arbeitsplatz einher – fangen Sie also an, dem täglichen Kampf um Überblick ein Ende zu setzen, indem Sie neue Ordnungsstrukturen anlegen beziehungsweise schaffen. Am besten, Sie werden rund um Ihren Arbeitsplatz zum Stauraumdetektiv: Wo lassen sich Akten, Unterlagen oder andere Arbeitsmaterialien übersichtlich aufbewahren?

Jedes Ding bekommt seinen Platz. Schaffen Sie gegebenenfalls neue Ablagemöglichkeiten (in Containern, Schränken, Boxen, Schüben, Ordnern ...), denn geschicktes Verstauen lässt Glücksmomente erwachsen (»Prima, wie schnell ich das im Griff habe!«), und frustrierende Sucherei fällt in Zukunft einfach weg.

Putzen, ordnen, entrümpeln Verstaubte Ordner? Ein verklebtes Telefon? Und dann noch der kaputter Bürobecher mit Stiften, von denen jeder Zweite nicht funktioniert. Oder das Kästchen voller Krimskrams, den Sie sowieso nie brauchen werden ... Hier besteht dringend Handlungsbedarf! Denn Dinge, die kaputt sind, hemmen Ihren Arbeitsfluss genauso wie Staub oder Dreck. Deswegen sollte man seinen Arbeitsplatz regelmäßig putzen und darauf achten, alle defekten Gegenstände sofort auszutauschen oder zu reparieren. Gut ist, wenn Sie sich beim Aufräumen mindestens von einem, wenn nicht gleich von mehreren Dingen trennen können, die Sie schon lange nerven, denn Loslassen befreit, setzt positive Energie frei und macht Platz für Neues.

Räumen Sie möglichst auch Ihre Festplatte regelmäßig auf. Ein erfreulicher Bildschirmhintergrund, zum Beispiel mit Fotos oder Motiven im Wechsel der Jahreszeiten, kann ebenfalls gute Laune verbreiten.

Mit Farben und Licht Atmosphäre gestalten Motivierend ist eine entspannte Atmosphäre, die ein bestimmtes Maß an Wohlfühlen zulässt und trotzdem das konzentriertes Arbeiten in den Vordergrund stellt. Farben wie zartes Gelb oder Grün sowie ein helles Blau sind gut für die Wände im Arbeitszimmer geeignet und können eine solche Atmosphäre unterstützen.

Ebenfalls wichtig, vor allem im Herbst und Winter: Mehrere Lichtquellen beziehungsweise Lichtinseln (direktes sowie indirektes Licht) – zum Beispiel eine gute Schreibtischleuchte als Arbeitslicht, aber auch atmosphärisches Licht wie etwa ein Strahler zum Betonen optischer Highlights oder auch eine dimmbare Lichtquelle.

Die Arbeit »beseelen« In Maßen tut es gut, sich auch am Arbeitsplatz mit privaten Dingen zu umgeben, die etwas Positives ausstrahlen. Das können zum Beispiel persönliche Fotos sein, ein

Glücksbringer, eine schöne Skulptur oder ein besonderer Kunstdruck. Ein Stück Persönlichkeit am Arbeitsplatz »beseelt« den Raum.

Auch ein frischer Blumenstrauß oder eine üppig blühende Pflanze mobilisiert Energie, denn positive Wahrnehmung erfolgt über alle Sinne. Umgekehrt verbreiten verwelkte, kranke oder vertrocknete Pflanzen eine trübe Atmosphäre – besser, man trennt sich sofort von ihnen.

Frischen Wind ins Büro lassen Ganz wichtig nach dem Wochenende ist das Lüften: Sorgen Sie also gleich am Montagmorgen mit einem möglichst weit geöffneten Fenster dafür, dass alle verbrauchte Luft aus dem Raum fließt – damit frischer Sauerstoff Sie beim Denken unterstützt.

Tipp Nr. 29:
Ein bisschen Aufregung und Angst gehören dazu ...

Montagmorgen. Und je näher der Arbeitsbeginn rückt, desto flauer das Gefühl im Magen. Die Hände werden feucht, das Herz klopft. Versetzt Sie der Montagsblues ab und zu in einen Zustand innerer Aufregung? Womöglich zu spät zu kommen. Eine falsche Entscheidung zu treffen. Sich mit der Präsentation zu blamieren ... Dann versuchen Sie, das Ganze sportlich zu sehen. Denn Angst kann auch ein Motor sein, der positiv antreibt, meint der Göttinger Angstforscher und Psychotherapeut Borwin Bandelow.

Zu Ihrem Trost: Meist sind es gerade die netten, gewissenhaften und rücksichtsvollen Menschen, die unter solchen Befürchtungen leiden. Viel eher als Draufgänger malen sie sich aus, wie katastrophal es wäre, zu spät zu einem wichtigen Termin zu erscheinen. Da hilft nur eins: Rein in die Vollen – und einfach mal mit Absicht zu einem weniger wichtigen Termin zu spät zu kommen. Um einmal zu erleben, dass nichts weiter passiert, als dass ein paar andere Leute auch zu spät kommen. Danach ist das Gefühl, die Angst gemeistert zu haben, umso besser.

Angst ist nämlich eine Emotion, die schon immer dem Überleben gedient hat. Unsere Vorfahren durften ja früher bei der Flucht nicht vor lauter Panik alles falsch machen – das heißt Angst muss »positiv« funktionieren. Studien haben zum Beispiel gezeigt, dass die Leistungen bei einem mittleren Angstlevel am besten sind. Zu viel Angst macht allerdings handlungsunfähig. Doch grundsätzlich gilt: Ob bei schweren Prüfungen oder einem aufregenden Bewerbungsgespräch – ein bisschen Herzklopfen sorgt einfach für eine bessere Performance.

Auf keinen Fall sollte man deshalb vor wichtigen Terminen kneifen und womöglich versuchen, vermeintliche Gefahren weiträumig zu umschiffen! Nehmen wir einmal an, Sie haben sich um einen neuen Job beworben und schlafen nun seit Tagen unruhig, weil Ihnen der Vorstellungstermin am Montag im Magen liegt. Wie kann man diese Angst in positive Bahnen lenken? Indem man sie ein Stück weit erträgt und ihre aufwühlende Energie nutzt, um sich wunderbar auf den Termin vorzubereiten. Braucht man vor Aufregung weniger Schlaf, kann man diese Zeit ebenfalls zur fachlichen Vorbereitung nutzen. Während des Termins weiß man einfach, dass die eigenen Leistungen mit ein bisschen Angst im Nacken die allerbesten sind – und hinterher kann man sich sagen, dass man wirklich alles getan hat, um an diesem Tag gut zu sein.

Wenn es richtig nervenaufreibend wird, hilft manchmal auch Nervenfutter! Ideale Stresskiller sind zum Beispiel Haferflocken (zum Frühstück), Bananen, Kürbis- und Sonnenblumenkerne (für zwischendurch) sowie Geflügelfleisch (als Mittagessen) – alle enthalten eine Extraportion des Stimmungsvitamins B1 (unentbehrlich für die Funktion unserer Nervensystems) sowie das Vitamin B6 (sehr wichtig für Stoffwechsel, Nervensystem und Immunabwehr).

Tipp Nr. 30: Finden Sie die richtige Balance aus Druck und Belohnung

An manchen Montagen fühlen wir uns schon von der ersten Minute an unter Druck. Zugegeben: Zu viel Druck erzeugt Stress, aber ganz ohne Druck geht es auch nicht! Die Erkenntnis, dass unsere Leistungsfähigkeit mit unserem inneren Zustand beziehungsweise unserem Aktivationsniveau zusammenhängt (»Aktivation« meint: Grad der Wachheit und Angeregtheit), haben wir den amerikanischen Psychologen sowie Zoologen Robert Yerkes und John D. Dodson zu verdanken. Sie haben 1908 das Yerkes-Dodson-Gesetz formuliert und in verschiedenen Lernexperimenten mit Ratten nachgewiesen, dass zwischen der physiologischen Erregung beziehungsweise Aktivierung der Tiere und ihrer Leistungsfähigkeit ein umgekehrt u-förmiger Zusammenhang besteht.

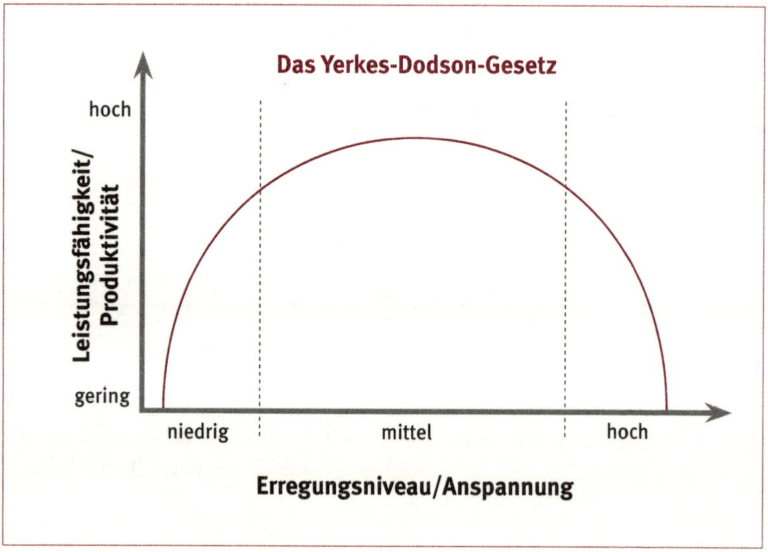

Auf die Aktivierung von uns Menschen übertragen besagt das Gesetz: Sind wir gelangweilt oder schläfrig, kann eine Erregungssteigerung bis zu einem bestimmten Level – nämlich hellwach sein – unsere Leistung verbessern. Geraten wir allerdings zu sehr unter Druck beziehungsweise in einen Zustand der Anspannung oder gar Panik, so sinkt unsere Leistungsfähigkeit wieder deutlich ab. Mit anderen Worten: Bei Unterforderung bleiben wir weit hinter unseren Möglichkeiten zurück, durch ein gesundes Maß an emotionaler Aktiviertheit können wir unsere Leistung bis zu einem Spitzenwert steigern – und bei zu viel Stress geht manchmal gar nichts mehr.

Die Kunst, sich selbst zu motivieren, besteht also darin, das für die eigene Leistung optimale Erregungslevel zu erkunden und bei Bedarf »künstlich« herzustellen. Dazu gibt es ein paar Tricks.

Selbstbelohnung Aus der Lernpsychologie ist bekannt, dass sich die Arbeitsbereitschaft und Motivation durch Belohnung enorm steigern lässt. Warum also den eigenen Job nicht attraktiver machen, indem man sich für bestimmte Aufgaben oder Projekte, die man erfolgreich gemanagt hat, belohnt – zum Beispiel mit einem netten Abend im Kino, einer guten Flasche Rotwein, einer neuen CD oder einem coolen T-Shirt. Wichtig: Machen Sie mit sich selbst aus, was Sie wann bekommen, und halten Sie sich wirklich an die Abmachung. Einlösen dürfen Sie die Belohnung allerdings erst, sobald der Job abgeschlossen ist.

Emotionale Beteiligung Oft verschieben wir bestimmte Aufgaben oder Pflichten, weil sie uns wie harte und öde Arbeit erscheinen. Aber das ist eine Sache der Perspektive: Versuchen Sie doch einfach mal, solche Aufgaben aus Freude zu tun – sei es, weil Sie sich selbst für die erfolgreiche Erledigung eine attraktive

Belohnung versprochen haben. Oder weil Sie sich vorstellen, wie toll es sein wird, wenn Sie am Ende des Quartals zum ersten Mal pünktlich und ohne schlechtes Gewissen oder Überstunden nach Hause gehen ...

Eine andere Möglichkeit, die eigene Arbeit emotionaler zu verfolgen, besteht darin, ein Erfolgstagebuch zu führen. Notieren Sie darin in Stichworten täglich, alle zwei bis drei Tage oder wöchentlich, was Sie getan haben, um Ihrem Ziel näher zu kommen. Welche guten Ideen hatten Sie? Was ist falsch oder nicht so gut gelaufen? Und wie können Sie es besser machen beziehungsweise was haben Sie aus Ihren jeweiligen Erfahrungen gelernt?

Künstlicher Druck Falls Sie zu den Leuten gehören, die einen gewissen Zeitdruck brauchen, um richtig gut arbeiten zu können, sollten Sie Termine machen – einfach nur, um besser zu funktionieren. Tragen Sie die Termine für bestimmte Aufgaben unverrückbar in Ihren Zeitplaner ein, hängen Sie die Termine dick und fett auf einem Zettel an die Wand. Und wenn Sie den Druck noch verstärken wollen, treffen Sie eine Vereinbarung mit Ihren Kollegen oder Vorgesetzten, denen Sie das Ergebnis zu einem bestimmten Zeitpunkt präsentieren. Wichtig bei dieser Strategie: Realistische Selbsteinschätzung, damit Sie sich nicht selbst durch zu hohe Erwartungen belasten. Vorsicht also, falls Sie denken sollten: »Alles ist machbar, man muss es nur wollen.«

Tipp Nr. 31: Gestalten Sie Ihren Job abenteuerlicher

Tagein, tagaus in einer Fabrik Orangensaftkisten stapeln. Ziemlich öde. Carl hat trotzdem Spaß dabei. Er ist schon älter, aber fit wie ein Turnschuh, er interessiert sich für seine Kollegen – und die mögen ihn, weil er gern mit jedem redet und scherzt. Irgendwann wollte Carl zum Beispiel wissen, wohin der Saft eigentlich geliefert wird, den er da stundenlang stapelt. Jetzt weiß er es: »Achtung mit dieser Kiste! Der Orangensaft geht auf direktem Weg zur Yacht Ihrer königlichen Majestät und wird dort mit Wodka gemischt und gelangweilten Diplomaten in Longdrink-Gläsern serviert ...«

Carl hat eine besondere Gabe: Es ist ihm gelungen, das langweilige Kistenstapeln zu etwas Einzigartigem zu machen. Glück bei der Arbeit zu empfinden – und das auch am Montag! – ist etwas, das wir selbst schaffen können, indem wir die Lust an inneren Abenteuern entdecken, hat der amerikanische Glücksforscher Mihaly Csikszentmihalyi herausgefunden. In den achtziger Jahren des vergangenen Jahrhunderts hat der Psychologe als Erster den »Flow« entdeckt – jenen glücksähnlichen Zustand, in dem man eins ist mit dem, was man tut, und in dem Zeit oder Umgebung keine Rolle mehr spielen. »Zu den kostbarsten Gaben, die ein Mensch überhaupt besitzen kann«, schreibt Mihaly Csikszentmihalyi in seinem Buch *Flow im Beruf*, »gehört die Fähigkeit, Anregungen in seiner Umgebung zu entdecken, die von anderen vielleicht gar nicht wahrgenommen werden.«

Der Buchhalter Toby zum Beispiel träumt schon lange von einem richtig kreativen Job. Aber er ist nun mal kein Künstler, sondern arbeitet in einer großen Buchhaltungsfirma. Als er einen Abendkurs in Computergrafik belegt, stellt er fest, wie viel Spaß ihm so etwas macht. Kurze Zeit später dekoriert Toby seine ersten buchhalterischen Arbeitsberichte mit fantasievollen Farbgrafiken. Die kommen bei seinen Kollegen und Vorgesetzten so gut an, dass seine Arbeitsplatzbeschreibung erweitert wird.

So arbeiten, dass die eigenen Kräfte wachsen – das gelingt Menschen, die sich ihren eigenen Sinn im Beruf suchen: Der Busfahrer, der bei strömendem Regen im Rückspiegel eine Mutter mit ihrem Kind sieht und auf sie wartet, obwohl er in ein paar Minuten Feierabend hat. Die Kassiererin, die mit jedem Kunden ein paar nette Worte wechselt, statt nur genervt auf ihre Fingernägel zu schauen. Oder die Parfümerieinhaberin, die sich jeden Tag aufs Neue für die vielen schönen Düfte und Kosmetika in ihrem Geschäft begeistern kann.

Vielleicht schaffen auch Sie es, in Ihrer Firma beziehungsweise in Ihrem Job neue Anregungen und Abenteuer zu entdecken? Schließlich haben Sie als Mensch die kostbare Gabe dazu.

Tipp Nr. 32: Lachen Sie den Frust einfach weg

Es kann so einfach sein: Lachen Sie den Montagsblues einfach weg. Lachen macht zufriedener, kreativer und spontaner. Es kann die Angst vor neuen Situationen nehmen und die Kontaktaufnahme oder den Zugang zur eigenen Fantasie erleichtern. Mit einem Lachen werden bis zu 300 verschiedene Muskeln aktiviert, aber nicht nur das. Auch die Atmung wird angeregt, sodass es zu einem besseren Austausch von verbrauchter und sauerstoffreicher Luft kommt, was wiederum den Stoffwechsel und die Durchblutung anregt. Außerdem werden Stresshormone abgebaut, und Lachforscher wollen sogar herausgefunden haben, dass eine Minute Lachen so erfrischend ist wie 45 Minuten Entspannungstraining.

Auf jeden Fall ändern sich mit einem herzhaften Lachen nicht nur Ausstrahlung und Gesichtsausdruck, sondern auch unsere Sicht der Dinge wird häufig eine andere. Eine Beobachtung, die vor allem Krankenhaus-Clowns immer wieder machen, wenn sie mit ihren Späßen und Scherzen kranke Kinder und Erwachsene aufmuntern und ihnen damit die Möglichkeit geben, Abstand zu der eigenen, belastenden Situation zu finden.

Aber wie kann man lachen, wenn man nichts zu lachen hat? »Wenn Sie lachen wollen, ist dies Grund genug!«, schreibt die Lach-Yoga-Lehrerin Michaela Schäffner auf ihrer Homepage (*www.lacheinfach.com*; siehe auch *www.hoho-haha.de*) und verkündet, dass jeder lachen kann, der sich das vornimmt. Selbst wenn man zunächst nur so tut, als würde man Lachen – das Lachen also erst einmal »übt«, kann daraus ein echtes, befreiendes Lachen werden. Denn eigentlich ist Lachen kinderleicht. Schon vier Monate alte Babys glucksen vergnügt, wenn man ihren Bauch kitzelt, und einjährige Kleinkinder fangen an zu lachen, wenn die Mutter an der Flasche nuckelt.

Michaela Schäffner ist erste Vorsitzende von Humorcare Deutschland e. V., einem Verein, der sich um die wissenschaftlich fundierte Anwendung von Humor in klinischen, psychosozialen, pädagogischen und beratenden Berufen bemüht, sogar eine Fachgruppe »Humor im Unternehmen« gibt es dort. Es spricht also absolut nichts dagegen, im Job öfter mal ein Lachen zu riskieren oder sich vom Lachen anderer anstecken zu lassen – der positive Effekt ist schließlich wissenschaftlich untermauert.

Tipp Nr. 33:
Es ist Ihre Zeit – nehmen Sie sie sich

Schon wieder geht die Woche los! Und dieses Mal wollen Sie sich mal nicht so hetzen lassen, sondern einfach bei Ihrem Tempo bleiben. Sie werden vorschlagen, das regelmäßige Meeting von Montagmorgen neun Uhr auf den Nachmittag zu verschieben, damit sich alle erst einmal sortieren können, bevor sie ihre Fragen, Pläne und Probleme in die große Runde tragen. Sie werden nicht wie sonst gleichzeitig telefonieren und E-Mails checken, die Mittagspause knicken, als Letzte oder Letzter nach Hause gehen – sondern Sie werden sich die Zeit nehmen, die Sie brauchen, um Ihre Arbeit vernünftig zu organisieren.

Jetzt mal ganz ehrlich: Wie oft haben Sie sich das schon vorgenommen? »Sommer ist die Zeit, in der es zu heiß ist, um das zu tun, wozu es im Winter zu kalt war«, hat Mark Twain einmal gesagt. Trifft das vielleicht auch auf Sie zu? Finden Sie immer einen überzeugenden Grund, der verhindert, dass Sie endlich einen Gang herunterschalten?

Schwer genug ist es ja, denn heutzutage ist so ziemlich jeder in Eile, niemand hat kostbare Zeit zu verschenken. Der amerikanische Autor James Gleick beschreibt in seinem Buch *Schneller! Eine Zeitreise durch die Turbo-Gesellschaft* erstaunliche Entwicklungen: Mikrowollenbenutzer tippen zum Beispiel lieber zweimal acht ein als neun und null – weil's fixer geht. Anrufbeantworter mit schnellem Vorlauf werden immer beliebter: Denn wer Nachrichten im Micky-Maus-Tempo abhören kann, spart ebenfalls wertvolle Sekunden. Sogar die Zeit im Bad lässt sich komprimieren: mit einem neuen Shampoo, das die Trockenzeit nasser Haare um 30 Prozent reduziert. Klar ist: Der Wettlauf mit der Zeit geht in unserer Gesellschaft immer weiter, und so ist es für den Einzelnen zunehmend schwer, im eigenen Tempo zu leben und zu arbeiten. Wer sich im ständigen Kampf um wertvolle Sekunden nicht verlieren will, sollte sich den eigenen Umgang mit der Zeit einmal genauer anschauen.

Vielleicht erkennen Sie sich in einer oder sogar mehrerer der folgenden Beschreibungen wieder? Sie sind überspitzt gezeichnet, um zu zeigen, wie sich die jeweilige Art des Umgangs mit der Zeit im Berufsleben auswirkt. Der Trick, weniger gehetzt und gestresst zu arbeiten, besteht darin, die eigenen Stärken und Schwächen zu kennen und deshalb zu wissen, wie man den daraus entstehenden Stress am besten umschifft. Oder sich so verhält, dass er gar nicht erst aufkommt.

Effektiv sein ist alles!

Leerlauf gibt's bei Ihnen so gut wie nie. Sie marschieren direkt auf Ihre Ziele zu, Ihre Mitmenschen halten Sie deshalb manchmal für dominant, ehrgeizig oder sogar aggressiv. Ihre oberste Maxime heißt: Effektivität. Sie sind an schnellen Ergebnissen interessiert, wollen möglichst viel in möglichst kurzer Zeit erreichen. Ihre Entscheidungsfreude ist dabei eine große Hilfe.

Was können Sie tun, um mehr Kontrolle über Ihre Zeit zu gewinnen?

- Schalten Sie ab und zu einen Gang zurück: Seien Sie geduldiger mit sich und anderen! Etwa, indem Sie im Job nicht immer wieder allein voranpreschen, sondern auch mal die Meinung Ihrer Kollegen einholen.
- Aufgrund Ihres Effektivitätsanspruchs geraten Sie immer wieder in Konkurrenzsituationen, die Sie doch wieder dazu verlei-

ten, hektisch zu werden. Statt mit anderen zu wetteifern, atmen Sie lieber tief durch und versuchen, mit Ihren Gedanken bei einer Sache zu bleiben.

- Nehmen Sie sich bewusst Zeit für Entspannung. Leute wie Sie sind am ehesten burn-out-gefährdet.
- Lernen Sie, ab und zu den Leerlauf zu schätzen: Sie müssen nicht immer und überall eingreifen und Leistung zeigen. Entspannung, Spaß, Reflektion – es gibt auch Momente im Leben, da kommt es überhaupt nicht drauf an, effektiv zu sein.

Ohne Druck läuft gar nichts

Sie leben nach der »Last-Minute«-Philosophie und werden meist erst dann aktiv, wenn der größte Teil des Spielraums bereits vertrödelt ist. Kleinigkeiten erledigen Sie zwar gern sofort, aber größere und unangenehme Sachen verschieben Sie lieber. Unter Stress laufen Sie allerdings zur Hochform auf: Sie scheuen keine Mühe, um in letzter Minute ein gutes Ergebnis zu erzielen. Mit Ihrem Optimismus behalten Sie auch unter Druck die Nerven – könnten sich und Ihre Umwelt aber schonen, wenn Sie nicht alles bis zur letzten Minute aufschieben würden.

Wie kann das gelingen?

- Erledigen Sie Wichtiges gleich am frühen Morgen. Alles, was Sie in den Nachmittag oder Abend schleppen, bleibt bei Ihnen liegen, weil Ihre Disziplin zu später Stunde gern nachlässt.
- Simpel, aber sehr effektiv gegen Chaos: Machen Sie erst eine Sache fertig, bevor Sie mit der nächsten starten!

- Bringen Sie Struktur in Ihren Alltag: Versuchen Sie, pünktlicher zu sein, räumen Sie jeden Abend zehn Minuten auf.
- Bei größeren Aufgaben oder Projekten: Legen Sie fünf bis zehn Tage vor der eigentlichen Deadline Erinnerungstermine fest, die Sie in Ihren Kalender eintragen.

Ganz oder gar nicht

Ihr oberstes Gebot heißt: Perfektion! Die Kehrseite dieser Medaille: Sie sind wahnsinnig kritisch, die Angst vor Fehlern verfolgt Sie bei fast allem, was Sie tun. Aufgrund Ihres Qualitätsanspruches sind Sie chronisch unzufrieden und setzen sich und andere damit enorm unter Druck. Sie planen alles bis ins letzte Detail und so exakt wie möglich – die darauf verwendete Zeit fehlt Ihnen dann allerdings beim Umsetzen Ihrer Pläne und Ideen.

Das können Sie besser organisieren – aber wie?

- Bedenken Sie: Je mehr und exakter Sie planen, desto weniger Zeit bleibt Ihnen für die Umsetzung. Setzen Sie sich für die Planungszeit künftig immer ein Limit.
- Lernen Sie, dass auch Perfektion ihre Grenzen hat: Menschen sind immer wichtiger als Vorschriften oder vermeintliche Regeln und machen auch mal Fehler. Das gilt auch für Sie!
- Sie müssen nicht jeden Arbeitsvorgang bis ins Letzte analysieren. Manchmal ist es einfach gut, eine Sache zügig zu erledigen.
- Verabschieden Sie sich von perfekt durchdachten Generalplänen – erstellen Sie stattdessen nach Wichtigkeit getrennte Pläne. So verstricken Sie sich weniger in Details.

Bloß nichts überstürzen

»Will ich das wirklich?« – »Was werden die anderen dazu sagen?« Fragen, mit denen Sie sich stunden-, ja tage- oder wochenlang beschäftigen können. Es fällt Ihnen einfach schwer, sich zu entscheiden. Das bremst im Alltag und kostet Sie viel Zeit, aber Sie wollen Ihrer Sache eben ganz sicher sein… Am liebsten wären Ihnen Entscheidungen mit Richtigkeitsgarantie, und so verbringen Sie viel Zeit mit Planen und Überdenken, statt einfach loszulegen. Besonders schwer fallen Ihnen weitreichende Entscheidungen, die Sie im schlimmsten Fall jahrelang mit sich herumschleppen. Ihr Zeitmanagement funktioniert allerdings intuitiv gut. Was Sie gar nicht mögen, ist Zeitdruck.

Wie können Sie das anders lösen?

- Zweifeln Sie weniger. Verlassen Sie sich auf Ihre Intuition, treffen Sie Entscheidungen ruhig mal aus dem Bauch heraus.
- Bevor Sie sich festgrübeln: Suchen Sie nach neuen Wegen, anstatt an alten festzuhalten.
- Lernen Sie, mit Risiken zu leben und sie zu managen – auch darin stecken neue Chancen.
- Packen Sie Dinge, die Sie sowieso erledigen müssen, lieber gleich an. Überprüfen Sie auch, eventuell mit Unterstützung der Kollegen, ob sich manches im Job nicht schneller erledigen lässt.

Tipp Nr. 34:
Es könnte alles noch viel schlimmer sein

Montag, acht Uhr in Deutschland. Stellen Sie sich doch einfach einmal vor, in welcher misslichen Lage man sich montagmorgens theoretisch befinden beziehungsweise was einem an diesem Tag alles passieren könnte: Es wäre möglich, dass man im Krankenhaus liegt und gerade auf eine komplizierte Operation vorbereitet wird. Oder zusammen mit einigen anderen Häftlingen auf dem Weg in die Gefängnisküche ist – wohl wissend, dass man noch mehrere Jahre in diesen und den dazugehörigen Räumen verbringen werden muss.

Sie könnten feststellen, dass Sie aus Versehen Ihren Brillantring mit dem Müll entsorgt haben, den Sie vorhin nach draußen getragen haben, daraufhin wie eine Wahnsinnige aus dem Haus stürzen und gerade noch die Rücklichter des Müllwagens sehen, als er um die Ecke biegt. Es wäre auch möglich, dass Sie mitten in der Nacht – Sie müssen schon um sechs Uhr auf dem Flughafen sein – in Hektik das Haus verlassen, den Schlüssel drinnen liegen lassen und mit ihm das Ticket, Ihre Arbeitsunterlagen und das Handy.

Oder Sie stellen beim morgendlichen Blick in den Spiegel fest, dass die verschwenderisch teure und angeblich so dezent wirkende Selbstbräunungscreme, die Sie gestern Abend aufgetragen haben, Ihren zarten Teint flächendeckend, aber leicht streifig mit einem krassen Sonnenstudiobraun überzogen hat. Vielleicht wollen Sie aber auch nur den kleinen Karton mit den Glückwunschkarten herunterholen, der oben auf dem Wohnzimmerschrank liegt, steigen dazu schnell auf einen Stuhl und erschrecken sich dabei so sehr vor einem auf dem Schrank schlafenden Marienkäfer, den Sie aufgescheucht haben, dass Sie das Gleichgewicht verlieren und vom Stuhl fallen, sich den Knöchel brechen ist und Sie nun mit mindestens vier Wochen Gips rechnen müssen…

Und jetzt machen Sie sich klar, dass diese kleine Aufzählung möglicher Pleiten und Pannen nur ein winziger Bruchteil aller Missgeschicke ist, die einen rein theoretisch zum Wochenanfang ereilen können. Mal ehrlich, was ist dagegen schon ein ganz normaler Montag, an dem man sich zur Arbeit schleppt?

Tipp Nr. 35: Erkunden Sie, wer und was Sie anspornt

Als ein amerikanischer Journalist Mutter Teresa einmal dabei beobachtete, wie sie einen Leprakranken wusch, sagte er: »Das würde ich nicht für eine Million Dollar tun.« Die Ordensschwester antwortete: »Das würde ich auch nicht. Ich mache es aus Liebe zu Gott und für diesen Kranken, der leidet.«

Was Mutter Teresa da beschrieben hat, war ihre Motivation. Die Kraft, die sie in Schwung hielt und bei ihrer Arbeit beflügelte. Diese Kraft ist bei jedem von uns etwas anders verteilt beziehungsweise zusammengesetzt, und es ist hilfreich, die eigene Motivation genauer zu erkunden. Denn Menschen sind vor allem dann zufrieden, erfüllt und erfolgreich in ihrem Beruf, wenn sie ihre persönlichen Motive kennen und im Alltag danach handeln.

Ob beruflich oder privat: Unermüdlich müssen wir von morgens bis abends kleine und große Entscheidungen treffen, unsere Meinung äußern, aktiv werden. Dabei richten wir uns nach bestimmten Werten beziehungsweise Motiven, die wir verinnerlicht haben – beeinflusst von unserer Familie, von Freunden, von der Gesellschaft sowie der Kultur, in der wir aufgewachsen sind.

Der amerikanische Psychologieprofessor und Motivationsforscher Steven Reiss erforscht seit den neunziger Jahren die Werte beziehungsweise Motive menschlichen Verhaltens und hat dazu im Jahr 2000 eine große internationale Studie veröffentlicht, in der 16 Lebensmotive identifiziert werden, die unser Handeln im Alltag bestimmen. Diese 16 Motive sind:

- *Macht:* das Streben nach Erfolg, Leistung, Führung und Einfluss.

- *Unabhängigkeit:* das Streben nach Freiheit und Selbstgenügsamkeit.
- *Neugier:* das Streben nach Wissen und Wahrheit.
- *Anerkennung:* das Streben nach sozialer Akzeptanz, Zugehörigkeit und positivem Selbstwert.
- *Ordnung:* das Streben nach Stabilität, Klarheit und guter Organisation.
- *Sparen:* das Streben nach Eigentum und das Sammeln materieller Güter.
- *Ehre:* das Streben nach Loyalität und charakterlicher Integrität.
- *Idealismus:* das Streben nach sozialer Gerechtigkeit und Fairness.
- *Beziehungen:* das Streben nach Freundschaft und Freude.
- *Familie:* das Streben nach Fürsorglichkeiten, einer Familie und Kindern.
- *Status:* das Streben nach öffentlicher Aufmerksamkeit, akademischen oder anderen Titeln.
- *Wettkampf:* das Streben nach dem Vergleich mit anderen, Konkurrenz und Kampf, manchmal auch Rache.
- *Sinnlichkeit:* das Streben nach Sexualität sowie Schönheit und Kunst.
- *Genuss:* das Streben nach Essen und Nahrung.
- *Bewegung:* das Streben nach Fitness und körperlicher Aktivität.
- *Ruhe:* das Streben nach Entspannung und emotionaler Sicherheit.

Steven Reiss ist aufgrund seiner Forschungen zu der Ansicht gelangt, dass sich jeder Mensch durch ein persönliches Motivationsprofil von anderen unterscheidet. Seine Theorie: Wenn wir uns bewusst machen, welche Motive uns am wichtigsten sind, und uns bei unserem Handeln im Alltag genau auf diese konzentrieren, werden wir am ehesten Glück und Erfüllung finden.

Natürlich gibt es auch im Bereich der Motivationsforschung die verschiedensten psychologischen Theorien, Erkenntnisse oder Studien, und die eben genannte ist nur eine von vielen. Da die verschiedenen Motive aber klar und gut verständlich formuliert sind, bieten sie eine anregende Möglichkeit, selbst einmal darüber nachzudenken, welche Bedürfnisse beziehungsweise Motive das eigene Handeln vor allem beeinflussen.

Machen Sie doch den folgenden Minitest, um Ihrer Motivation im Job auf die Spur zu kommen. Der Check-up ist kein psychologisch ausgefeilter Motivationstest, sondern eine weitere Möglichkeit, über tägliche Aspekte Ihrer Arbeit nachzudenken. Kreuzen Sie dazu einfach alle Sätze an, denen Sie spontan zustimmen können – ohne lange darüber nachzudenken.

Check-up: Was treibt Sie an? ☒

4 ☐ Supergute Zeugnisse oder viel Geld sind nicht das Wichtigste im Leben.

1 ☐ Ich wäre (bin) gern Teamleiter/Teamleiterin.

5 ☐ Ich habe keine Angst davor, beruflich auf eigenen Beinen zu stehen.

2 ☐ Die Meinung meines Chefs/meiner Chefin ist mir wichtig.

1 ☐ Wenn jemand im Job für lockere Stimmung sorgt, dann bin ich das.

3 ☐ Ich habe Angst davor, in meinem Job zu versagen.

1 ☐ Meine Kolleginnen und Kollegen sind mir sehr wichtig.

3 ☐ Ich wäre froh, wenn wir am Arbeitsplatz endlich weniger Stress hätten.

5 ☐ Ich kann es gar nicht erwarten, mehr Verantwortung im Job zu übernehmen.

2 ☐ Ich wäre gern so erfolgreich wie meine Vorgesetzten.

4 ☐ Ein Leben ohne meinen Job ist für mich unvorstellbar.

3 ☐ Ich wünschte, ich hätte die Arbeit besser im Griff.

5 ☐ Ich bin stolz darauf, finanziell von niemandem abhängig zu sein.

4 ☐ Ich engagiere mich gern für soziale Projekte oder Ähnliches.

1 ☐ Ich übertreibe bei Meetings schon mal ein bisschen, um den anderen zu imponieren.

2 ☐ Das Schlimmste für mich sind Konflikte mit meinen Vorgesetzten.

4 ☐ Ich liebe es, meine Fähigkeiten und Talente auszuleben.

5 ☐ Ich hasse es, wenn andere mir in mein Leben hineinreden.

2 ☐ Solange ich meine Arbeit sorgfältig erledige, habe ich in der Firma einen guten Stand.

3 ☐ Ich kann den nächsten Urlaub kaum erwarten.

Füllen Sie für jeden angekreuzten Punkt neben der jeweiligen Ziffer ein Kästchen aus.

1	☐	☐	☐	☐
2	☐	☐	☐	☐
3	☐	☐	☐	☐
4	☐	☐	☐	☐
5	☐	☐	☐	☐

Auswertung

Zählen Sie nun zusammen, welche Ziffer Sie am häufigsten angekreuzt haben. Im Folgenden können Sie unter der jeweiligen Überschrift nachlesen, was Sie im Alltag hauptsächlich dazu anspornt, Ihre Arbeit zu machen. Betrachten Sie Ihr Ergebnis in erster Linie als Möglichkeit, Ihre Einstellung zur Arbeit einmal aus einer etwas anderen Perspektive zu betrachten. Falls Sie mehrere Ziffern gleich oft angekreuzt haben, lesen Sie alle entsprechenden Auswertungen.

Die 1 überwiegt bei Ihren Antworten

Ihr »Motor« läuft am besten, wenn Sie Publikum um sich herum haben, denn *Ihnen ist die Anerkennung im Team sehr wichtig.*

Dieses Bedürfnis kann man schon fast zu den menschlichen Grundbedürfnissen zählen – trotzdem sollten Sie hin und wieder überlegen, ob Sie sich nicht zu sehr von der Meinung anderer abhängig machen. Vor allem, wenn es darum geht, die eigenen beruflichen Ziele nicht zu sehr aus den Augen zu verlieren.

Die 2 überwiegt bei Ihren Antworten

Ob Sie mühsam verschiedenste Termine koordinieren oder Überstunden machen: *Sie tun es für die Firma und/oder Ihre Vorgesetzten.* Die Arbeit spielt in Ihrem Leben eine zentrale Rolle, und manchmal wird Ihr Alltag dadurch kompliziert. Denn erstens erwarten Sie – zu Recht – für Ihren Einsatz auch eine entsprechende Anerkennung, die Sie vielleicht nicht immer bekommen. Und zweitens kann es sein, dass Ihr selbstloser Einsatz für den Job irgendwann empfindlich mit Ihren privaten Interessen kollidiert.

Die 3 überwiegt bei Ihren Antworten

Ihr Job scheint stressig zu sein, denn *Sie stehen momentan unter Leistungsdruck.* Was Sie gerade antreibt, sind nicht Spaß und Freude an der Arbeit, sondern Stress und die Angst, das, was Sie sich vorgenommen haben, nicht zu schaffen. Zwei Dinge sind deshalb wichtig für Sie:

1. regelmäßig entspannen als Ausgleich zum Stress,
2. Aufgaben, bei denen Leistung weniger zählt, damit Sie lernen, dass man auch ohne Stress viel bewegen kann.

Die 4 überwiegt bei Ihren Antworten

Ihr Ansporn ist vor allem das Bedürfnis, eigene Ideen und Vorstellungen umzusetzen: *Für Sie ist es das Größte, etwas Eigenes auf die Beine zu stellen.* Sie haben eine Art inneren Antrieb, der es Ihnen ermöglicht, relativ unabhängig von anderen aktiv zu werden oder zu sein. Großartig, wenn man so unabhängig ist. Trotzdem tut es gut und ist es hilfreich, den Kontakt zu Kollegen zu pflegen.

Die 5 überwiegt bei Ihren Antworten

Sie fällen Entscheidungen gern selbst und haben nichts dagegen, mehr Verantwortung zu übernehmen: Denn *Sie haben ein großes Bedürfnis nach Unabhängigkeit.* Ein Wunsch, der jede Menge Energie freisetzen kann: Sei es im Job (Sie arbeiten viel und engagiert, um weiterzukommen), sei es gedanklich (Sie beschäftigen sich viel mit Ihrer beruflichen Zukunft). Wenn andere Sie manchmal bremsen wollen, bleiben Sie entspannt – vielleicht hat Ihre Umwelt ja mit manchen Einwänden gar nicht so unrecht.

Tipp Nr. 36: Retten Sie Ihr Selbstbewusstsein

In fast jedem Berufsleben kommt es irgendwann einmal vor: Da dehnen sich verschiedene Tiefausläufer immer weiter aus und ziehen die Stimmung nach unten – manchmal vor allem zum Wochenanfang, manchmal aber auch pausenlos. Wir haben keine Lust auf die Arbeit und drücken uns vor neuen Aufgaben und Herausforderungen. Was ist da los? Wo ist unsere Leistungsbereitschaft geblieben? Der amerikanische Psychologe John William Atkinson erklärt Leistungsmotivation als Ergebnis eines Konflikts zwischen Annährungsverhalten und Vermeidungstendenzen. Mit anderen Worten: Ob wir eine Aufgabe in Angriff nehmen oder ihr aus dem Weg gehen, ist abhängig davon, ob wir Hoffnung auf einen Erfolg haben (Annäherungsverhalten), auf den wir stolz sein können – oder ob wir Angst vor einem Misserfolg haben (Vermeidungstendenzen), für den wir uns dann auch noch schämen müssten.

Leistungsmotiviert sind wir immer dann, so John William Atkinsons Theorie, wenn unsere Hoffnung auf Erfolg größer ist als unsere Angst vor einem Misserfolg. Darüber hinaus haben wir Menschen das Bedürfnis, unseren Erfolg oder Misserfolg nicht nur zur Kenntnis zu nehmen, sondern diesen auch auf bestimmte Bedingungen oder Ursachen zurückzuführen. Dahinter steckt der Wunsch nach einer Erklärung dafür, warum wir zum Beispiel in einer Prüfung gut oder schlecht abgeschnitten haben. In der psychologischen Fachsprache nennt man diese Ursachenzuschreibung »Attribution«, und sie folgt bestimmten Gesetzen. So können wir zum Beispiel für Erfolg oder Misserfolg im Beruf sowohl Gründe verantwortlich machen, die in unserer Person liegen, als auch äußere, von der Situation bedingte Gründe.

Der Psychologe Bernard Weiner hat die Ursachenzuschreibung noch um die Dimensionen Kontrollierbarkeit und Stabilität erweitert. Wer zum Beispiel nach einer missglückten Veranstaltung dem schlechten Wetter die Schuld gibt (äußere Gründe, nicht kontrollierbar, nicht stabil), schützt damit auch die eigene Person (»Auf jeden Fall war die Veranstaltung optimal vorbereitet, an mir hat es nicht gelegen.«). Ein gelungenes Meeting lässt sich der Leistung der brillanten Teilnehmer zuschreiben, der plötzlichen guten Laune des Vorstands oder aber einem Glückstag.

Studien haben gezeigt, dass die meisten leistungsmotivierten Menschen dazu tendieren, Erfolge vor allem ihrer eigenen Person zuzuschreiben und Misserfolge eher dem Pech oder den widrigen Umständen anzulasten. So retten sie ihr Selbstbewusstsein auch über erfolglose Zeiten oder Durststrecken hinweg.

Wenn Sie Lust haben, philosophieren Sie doch über Ihre eigene Leistungsmotivation im Job:

- Beflügelt Sie im Moment eine Hoffnung auf Erfolg? *Und falls nein, warum nicht? Was müsste sich bei Ihnen selbst oder an den äußeren Umständen ändern, damit Sie wieder Hoffnung schöpfen können?*
- Oder hemmt Sie eher die Angst vor Misserfolg? *Falls ja, welche Befürchtungen haben Sie konkret? Was könnten Sie unternehmen, um diese Befürchtungen zu entkräften?*

Tipp Nr. 37: Knüpfen Sie ein Montagsnetzwerk

Wenn der Job einfach keinen Spaß mehr macht und man sich am Montagmorgen lustlos in die Firma quält, liegt das häufig an fehlender Anerkennung und Wertschätzung für all die viele Arbeit, die man tagein, tagaus leistet. Schauen Sie sich doch mal Ihr Arbeitspensum der vergangenen Wochen oder Monate an – ohne dabei zu denken: »Na, das war doch gar nicht so schwer« oder »Ist doch selbstverständlich«. Sie haben bestimmt eine Menge bewegt und sollten sich dafür ruhig einmal bewundern. Denn je mehr Verantwortung man im Job trägt, desto häufiger muss man Dinge allein entscheiden oder durchsetzen – und sich selbst dafür loben, wenn es gut gelungen ist, weil das sonst niemand tut (es sei denn, man bittet die Vorgesetzten explizit darum).

So gewöhnt man sich mit der Zeit nicht nur an Alleingänge, sondern auch daran, neue Kräfte und Energien aus sich selbst zu schöpfen. Doch das funktioniert nicht auf Dauer. »Ohne Input und neue Anregungen von außen kann man sich nicht weiterentwickeln und tendiert sogar dazu, dass eigene, ursprünglich vielleicht noch variantenreiche Verhaltensrepertoire immer mehr einzuschränken«, erklärt die Hamburger Arbeitspsychologin Sibylle Bräuer. Die Folge: Wir fühlen uns immer ohnmächtiger und hilfloser. Deswegen ist es gerade bei Motivationstiefs sehr wichtig, den erschöpfenden Alleingang zu stoppen und stattdessen gute soziale Beziehungen am Arbeitsplatz aufzubauen oder diese zu reaktivieren, falls man sie in den letzten Monaten vernachlässigt hat. Sehr hilfreich kann auch sein, sich einem Netzwerk anzuschließen oder sogar selbst ein kleines Netzwerk aufzubauen.

Das kann auf verschiedenen Ebenen passieren: Vielleicht beschließen Sie, Ihren Montagsfrust nicht länger allein vor sich her zu schieben, suchen sich in Ihrem Bekanntenkreis Gleichgesinnte und verabreden sich am Montag auf eine gemeinsame Mittagspause oder einen »Hurra, der Montag ist geschafft!«-Drink nach Büroschluss.

Darüber hinaus gibt es die Möglichkeit, sich einem bereits existierenden Netzwerk anzuschließen, um der eigenen Arbeitsmotivation wieder einen ordentlichen Schubs zu geben. Netzwerke sind nämlich kluge Verknüpfungen von Kompetenzen, Möglichkeiten und Verbindungen, bundesweit gibt es unzählige Zusammenschlüsse. Manche Netzwerke oder Verbände arbeiten branchenübergreifend wie zum Beispiel der »Deutsche Akademikerinnenbund« oder die »Manager Lounge«, andere sind nach Berufen organisiert wie der »Deutsche Philologenverband«, der »Bundesverband Sekretariat und Büromanagement« oder die »BücherFrauen«.

In einem gut funktionierenden Netzwerk kann man auf fundiertes Wissen, langjährige Erfahrungen und viele Kontakte zurückgreifen – nicht nur, um sie für eigene berufliche Ziele und Pläne zu nutzen, sondern auch, um den eigenen Job wieder aufregender und abenteuerlicher zu gestalten oder sich neue Energie- und Motivationsquellen zu erschließen. Gleichzeitig wird man die Erfahrung machen, dass andere Menschen ähnliche Probleme haben, oder lernt Leute kennen, an denen man sich orientieren kann und die einem neuen Rückhalt in kritischen Jobsituationen geben. Kurzum: Im Gespräch mit anderen kann man sich hervorragend austauschen und neue Ideen sammeln, wenn die eigene Motivation gerade im Keller ist.

Sie haben Lust bekommen, Kontakt aufzunehmen? Eine gute Möglichkeit dazu besteht über die jeweiligen Berufs- oder Branchenverbände – einen umfangreichen Überblick aller bestehenden Verbände bietet der Webkatalog www.allesklar.de im Bereich

»Verbände und Organisationen« unter dem Stichwort »Berufsverbände«. Im folgenden Infokasten finden Sie darüber hinaus einige Adressen und Links, die Ihnen bestimmt dabei weiterhelfen, das für Sie geeignete Netzwerk zu finden. Viel Glück dabei!

www.xing.de

Der schnelle Weg zu über sechs Millionen Berufstätigen aus mehr als 200 Ländern.

www.frauenmachenkarriere.de

Umfangreiches Angebot des Bundesministeriums für Familie, Senioren, Frauen und Jugend mit Mentoring-Börse.

www.womens-careers.info

Plattform von zwölf Partner-Organisationen aus acht europäischen Ländern mit vielen Tipps und Links.

www.bpw-germany.de

»BPW« ist weltweit eins der größten Berufsnetzwerke von Frauen aus über 100 Ländern, der Deutsche Verband Berufstätiger Frauen e.V. ist Mitglied in der International Federation of Business and Professional Women (BPW).

www.dab-ev.org

Webseite des Deutschen Akademikerinnen-Bundes e.V. mit Mitgliedern aus allen Fachrichtungen und vielen interessanten Informationen und Links.

www.bsb-office.de

Homepage des Bundesverbands Sekretariat und Büromanagement.

www.woman.de

Umfangreiches deutschsprachiges Informationsangebot für Frauen im Internet – mit wichtigen Adressen aus Wirtschaft und Finanzen, berufsspezifischen Netzwerken, internationalen Netzwerken und verschiedenen Archiven sowie Datenbanken.

www.kvd.de

Mit über 1500 Mitgliedern ist der Kundendienst-Verband e.V. europaweit der größte und bedeutendste Berufsverband für Führungskräfte im Kundendienst und im Service.

www.bju.de

Die Kontaktbörse des »Bundesverbands Junger Unternehmer« besteht aus rund 2500 Unternehmern unter 40 Jahren.

Tipp Nr. 38: Lassen Sie sich nicht provozieren

Wer schlecht gelaunt oder verunsichert ist, zieht sich am liebsten zurück. (Doch wer kann sich schon jeden Montag freinehmen ...?). Oder beobachtet – ob bewusst oder unbewusst – seine Umwelt ganz genau, um auf jede Veränderung sofort entsprechend reagieren zu können. Das Problem dabei: Wenn die Aufmerksamkeit zu sehr nach außen gerichtet ist, gerät das Innenleben dadurch leichter aus dem Gleichgewicht. Die Folge: Man fühlt sich schnell angegriffen, persönlich getroffen oder provoziert.

Was an solchen Tagen gar nicht hilft, ist zusätzlicher Ärger oder gar Konflikte. Falls man sich deshalb an Montagen von Kollegen oder Vorgesetzten angegriffen fühlt, sollte man innerlich lieber erst einmal auf Distanz gehen, statt sich auf einen Streit oder Reibereien einzulassen. Eine Möglichkeit, diese innere Zurückgezogenheit herzustellen, ist zum Beispiel, aus dem Raum zu gehen. Eine andere, tief durchzuatmen und/oder langsam in Gedanken bis fünf oder zehn zu zählen. So gewinnt man Zeit und kann in Ruhe überlegen, ob es überhaupt sinnvoll ist, sich auf den Ärger einzulassen.

Versäumte Termine, nicht weitergeleitete E-Mails oder ungünstig liegende Meetings: Viele vermeintliche Provokationen sind absolut nicht persönlich gemeint und entpuppen sich bei Nachfrage als pure Gedankenlosigkeit oder als Missverständnis. Also möglichst gelassen bleiben und die eigene Energie lieber in die Bewältigung des Jobs investieren als in unnötigen Ärger.

Natürlich kann es sein, dass Sie trotz aller inneren Distanz das Gefühl nicht loswerden, von einem Kollegen oder dem Chef gezielt und absichtlich provoziert zu werden. Falls dem so ist, sollten Sie um ein klärendes Gespräch bitten (möglichst nicht an einem Montag!). Ihren Ärger müssen Sie dabei nicht unbedingt herunterschlucken, sondern der kann in Maßen durchaus helfen, sich mit Ihrem Gegenüber offen und ehrlich über die geltenden Regeln am Arbeitsplatz auszutauschen und neue, tragfähige Umgangsformen im kollegialen Miteinander auszuhandeln.

Tipp Nr. 39:
Arbeiten Sie mit erhobenem Kopf

Sie beginnen bereits den Montagmorgen im Büro mit einem erhöhten Blutdruck? Ein ergonomischer Arbeitsplatz mit optimal eingestelltem Bürostuhl und Schreibtisch ist auch in diesem Fall wichtiger, als Sie vielleicht denken, denn Haltungsschäden, wie sie bei sitzenden Tätigkeiten beziehungsweise bei typischen Büroarbeiten am Bildschirm häufig entstehen, können nicht nur müde und kaputt machen, sondern auf Dauer auch den Blutdruck in die Höhe treiben. So hat unlängst ein Forscherteam der britischen Universität Leeds herausgefunden, dass es einen direkten Zusammenhang zwischen der Nackenmuskulatur und jenem Teil des Gehirns gibt, der unsere Herzfrequenz und den Blutdruck reguliert.

Also: Arbeiten Sie am besten mit erhobenem Kopf und in einer aufrechten Sitzhaltung, denn dabei wird die Wirbelsäule optimal belastet. Sinnvoll ist, die Haltung immer mal wieder zu verändern – zum Beispiel, indem man das Becken in verschiedene Positionen kippt und zwischen einer vorderen, mittleren und hinteren Sitzhaltung variiert. Noch besser: Zwischendurch auch mal aufstehen, denn Arbeitsmediziner empfehlen Büroarbeitern eine Mischung aus 50 Prozent Sitzen, 25 Prozent Stehen und 25 Prozent Bewegung. Dieser Idealmix soll nicht nur der Wirbelsäule guttun, sondern auch unseren Bandscheiben, der Atmung und vor allem unserer Rücken- und Beinmuskulatur. Darüber hinaus gibt es noch ein paar einfache, aber wirksame kleine Übungen, um die Hals- und Nackenmuskulatur sowie die Schulterpartie zu entspannen:

Für die Schultern Setzen oder stellen Sie sich gerade und aufrecht hin. Atmen Sie ein und ziehen Sie dabei beide Schultern hoch zu den Ohren, halten Sie diese Position für einen Moment und schieben Sie dann beim Ausatmen die Schultern langsam wieder nach unten, und zwar so weit es geht. Wiederholen Sie diese Übung mehrere Male (so oft, wie es sich gut anfühlt). Im Anschluss daran können Sie Ihre Schultern noch in kleinen Bewegungen nach hinten und nach vorn kreisen lassen.

Für den Nacken Setzen Sie sich aufrecht auf den Stuhl. Bewegen Sie nun Ihren Kopf erst langsam nach vorn, indem Sie Ihr Kinn Richtung Brust drücken. Halten Sie diese Position etwa fünf Sekunden. Bewegen Sie nun Ihren Kopf in die aufrechte Position und legen Sie ihn von dort in den Nacken. Halten Sie diese Position ebenfalls etwa fünf Sekunden. Bewegen Sie nun Ihren Kopf wieder zurück in die aufrechte Position und neigen Sie ihn zur rechten Seite (wenn Sie in der seitlichen Nackenmuskulatur ein leichtes Ziehen spüren, machen Sie die Übung richtig). Halten Sie diese Position ebenfalls etwa fünf Sekunden. Bewegen Sie nun Ihren Kopf wieder zurück in die aufrechte Position und neigen Sie ihn dann zur linken Seite, wo Sie die Position ebenfalls etwa fünf Sekunden halten.

Für den Rücken Die folgende kleine Übung können Sie im Sitzen oder Stehen machen: Stellen Sie sich vor, Sie wollen nach den Sternen greifen und strecken sich dazu so weit wie möglich Richtung Decke. Machen Sie Ihre Arme dazu lang bis in die Fingerspitzen, variieren Sie die Übung, indem Sie jeweils nur mit der linken oder rechten Hand nach oben greifen und dazu jeweils eine Seite ganz lang ziehen.

Für Hände und Arme Setzen Sie sich aufrecht und mit erhobenem Haupt auf den Stuhl, machen Sie dabei einen langen Hals und ziehen Sie Ihre Schultern möglichst weit nach hinten und nach unten. Schütteln Sie dann Ihre Arme und Hände locker aus. Die Übung kann man ruhig öfter machen.

Für den Kopf Setzen oder stellen Sie sich aufrecht hin, atmen Sie einmal tief ein und wieder aus und ertasten Sie dann mit den Fingern Ihren Schädelknochen am Hinterkopf (in der Nähe des Haaransatzes, dort, wo die Wirbelsäule endet). Massieren Sie nun Ihren Kopf, indem Sie die Fingerspitzen mit leichtem Druck in kleinen Bewegungen entlang des Schädelknochens kreisen lassen.

Tipp Nr. 40:
Führen Sie ein Jobtagebuch

Mal ehrlich: Wie soll man dem eigenen Job gegenüber objektiv bleiben, wenn einen der Montagsblues gerade so richtig beutelt? Da liegt es doch näher, die Arbeit von A bis Z schlechtzumachen. Das Problem dabei: Die düstere Perspektive zeichnet ein ungenaues Bild der Lage – und man neigt dazu, in solchen Momenten maßlos zu übertreiben und einfach alles furchtbar zu finden.

Abhilfe kann ein Jobtagebuch schaffen, das Sie am besten über mehrere Tage oder Wochen führen. Das regelmäßige Schreiben erlaubt einen reflektierten Blick auf die eigene berufliche Situation und unterstützt dadurch schrittweise den inneren Klärungsprozess. Ob Sie täglich oder ein- bis mehrmals pro Woche etwas aus Ihrem Arbeitsleben aufschreiben, ob nur montags oder auch an anderen Tagen, ob gleich zum Start in den Tag, lieber in der Mittagspause, direkt nach Büroschluss oder gemütlich am Abend – das ist vor allem eine Frage der Zeit und persönlicher Vorlieben beziehungsweise Gewohnheiten. Zum Aufzeichnen der eigenen Gedanken eignen sich sowohl ein klassisches Tagebuch als auch ein großzügiger Kalender, der jeden Tag Raum für persönliche Notizen bietet.

Unter Umständen ist es sinnvoll, das Tagebuch einem bestimmten Thema beziehungsweise einer konkreten Fragestellung zu widmen. Folgende Fragen schärfen die Wahrnehmung und können bei der realistischen Einschätzung Ihrer beruflichen Situation eine Rolle spielen:

- Welche kleinen und großen Erlebnisse sind es konkret, die den Wochenanfang für mich so schrecklich machen? Was passiert speziell an Montagen?

- Was gefällt mir an meiner Arbeit – und was nicht? Was denke und fühle ich während der Arbeit? Wie geht es mir mit bestimmten Kolleginnen und Kollegen?
- Was mache ich eigentlich an meinem Arbeitsplatz? Was steht im Arbeitsvertrag? Was tue ich wirklich? Wie ist das Arbeitstempo? Welche Routine-, aber auch welche Sonderaufgaben gibt es? Welche Vorgaben macht die Chefin/der Chef?
- Welche Rolle spiele ich eigentlich in meiner Abteilung? Und welche Rolle würde ich gern spielen?
- Welche Ziele verfolge ich? Habe ich Änderungswünsche oder -fantasien? Und wenn ja, wie sehen sie konkret aus?
- Welche Highlights hält mein Job für mich bereit? Welche Enttäuschungen nagen an mir?

Ein Jobtagebuch ist auch ideal, um neue positive Szenarien für das eigene Berufsleben zu entwickeln. In diesem Fall sollte man möglichst exakt protokollieren, was man am Arbeitsplatz tut, was man stattdessen lieber tun würde und welche Personen in der Firma mögliche Ansprechpartner für die Änderungswünsche sein könnten. Bestimmt werden Sie verwundert sein, welche Entwicklungsmöglichkeiten Ihnen Ihr Job bei genauer Betrachtung bietet.

Tipp Nr. 41:
Ergreifen Sie Ihre Chancen

Der englische Psychologe und Glücksforscher Richard Wiseman hat herausgefunden, dass nicht alle Menschen gleich gut in der Lage sind, attraktive Angebote und Chancen zu erkennen und zu ergreifen. Das heißt: Es könnte sein, dass Ihre Montage eigentlich gar nicht so schlimm sind – nur haben Sie es vielleicht noch nicht bemerkt. Wie man auf so eine Idee kommt?

Richard Wiseman hat per Zeitungsannonce ausgesprochene Glückspilze und Pechvögel gesucht und die Leute, die sich gemeldet haben, auf ihre Denk- und Verhaltensweisen hin untersucht. Tatsächlich stellte er fest, dass es den Glückspilzen eher als anderen Menschen gelingt, positive beziehungsweise Glück verheißende Situationen zu schaffen oder sie zu erkennen und zu nutzen. Zum Beispiel ließ der kreative Wissenschaftler beide Gruppen eine Zeitung durchblättern – mit der Aufgabe, alle darin enthaltenen Bilder zu zählen. Als Belohnung für die richtige Antwort lockte ein Preis. Auf einer Seite versteckte Wiseman (immerhin in fünf Zentimeter großen Buchstaben) den Satz: »Hören Sie auf zu zählen, es sind 43 Fotos in der Zeitung!«

Das interessante Ergebnis: Die selbsternannten Pechvögel überblätterten diese Information häufiger, weil sie zu verbissen an die Aufgabe herangingen. Die Glückspilze dagegen sahen das Ganze lockerer und ließen ihren Blick schweifen, sodass ihnen der Satz nicht so oft entging. Außerdem fand der Psychologe heraus, dass Glückspilze gern Kontakte knüpfen und deshalb bessere Chancen haben, die richtigen Leute zu kennen, wenn es darauf ankommt. Pechvögel dagegen neigen in manchen Situationen dazu, einen »Tunnelblick« zu entwickeln und sich gedanklich einzuschränken, ohne dass es ihnen bewusst ist.

Eine bei vielen Menschen beliebte Gedankeneinschränkung beginnt mit den vier harmlos klingenden Wörtern: »Wenn ich erst mal ...« Zum Beispiel: »Wenn ich erst mal das Projekt abgeschlossen habe, werde ich meinen Urlaub beantragen.« Warum nicht gleich? Viele Leute motivieren sich in ausgesprochenen Stresszeiten damit, dass sie genau wissen, wann die nächsten freien Tage winken. Indem wir bestimmte Voraussetzungen aufbauen, die erfüllt sein müssen, bevor wir handeln dürfen, beschneiden wir uns selbst in unserem Verhalten und nehmen uns damit häufig vielversprechende Chancen.

Vielleicht bekommen Sie von einem Bekannten oder Kollegen das Angebot, bei einem wirklich tollen und innovativen Projekt mitzuarbeiten. Nur leider gibt es schon so viele andere Dinge, für die Sie verantwortlich sind – und deshalb lehnen Sie das interessante Angebot ab. Typisch Pechvogel! Denn fast immer kann man die Arbeit beziehungsweise das Leben viel stärker gestalten, als es die eigenen Gedanken zunächst zulassen. So gibt es zum Beispiel viele verschiedene Wege, Verantwortung wahrzunehmen. Einer davon kann sein, Verantwortung an andere zu delegieren, um selbst frei und offen zu sein für neue Chancen! Also: Augen und Ohren aufsperren und dann einfach mal gucken, was Ihnen der nächste Montag so alles bietet ...

Tipp Nr. 42: Schlafen Sie gut in den Montag hinein

Schlafen Sie schlecht? Und zwar ausgerechnet immer dann, wenn eine neue Woche anfängt? Verschiedene psychologische Studien haben gezeigt, dass Nervosität und schlechte Laune am Montag zwar auch mit einem Mangel an Schlaf, vor allem aber mit unserer Einstellung zu tun haben. Wenn wir in unserem tiefsten Innern davon überzeugt sind, dass unser Leben nur am Wochenende stattfindet und wir dazwischen die schreckliche Durststrecke »Arbeit« überwinden müssen, liegt uns der Job ab Sonntagabend wie ein dicker Kloß im Magen, der uns auch gern mal den Schlaf rauben kann. Was tun?

Auf jeden Fall sollten Sie Ihre Arbeitswoche so planen, dass Sie neben dem Job auch jeden Tag etwas Schönes erleben – am besten gleich am Montag. Die vordringliche Aufgabe lautet also, Ihre Arbeits- und Freizeit von montags bis freitags deutlich attraktiver zu gestalten (vielleicht mit abwechslungsreicheren Mittagspausen, einer charmanten After-Work-Verabredung, einem Besuch im Schwimmbad oder in der Sauna).

Ebenfalls wichtig: Schließen Sie Ihre Arbeit beziehungsweise laufende Projekte am Freitag so ab, dass die Folgewoche jeweils gut vorbereitet ist – Sie zum Beispiel wissen, was am Montag auf Sie zukommt. Dann können Sie den Sonntagabend sorgenfreier genießen.

Manchmal will man sich besonders perfekt auf den Montag vorbereiten und will gut ausgeschlafen in die neue Woche starten. Man geht deshalb nach einem Party-Wochenende extra früh ins Bett – und wälzt sich dann rastlos von einer auf die andere Seite. Schlafforscher sagen, das liege daran, dass unser Körper in Bezug auf unsere Einschlafzeiten viel weniger flexibel ist als hinsichtlich der Wachzeiten. Also geht man am besten gleich zur gewohnten Zeit ins Bett, statt ruhelos immer wieder auf die Uhr zu schauen. Hat man auch dann immer noch Einschlafprobleme, hilft vielleicht eins der altbewährten Rezepte aus der Kneipp- oder Kräuterkunde weiter.

Kaltes Wasser zum Einschlafen

Kneipp-Experten empfehlen zum Beispiel vor dem Zubettgehen einen kalten Schenkelguss. Dazu stellt man den Duschkopf so ein, als wolle man ihn wie einen Schlauch benutzen. Zuerst spritzt man mit kaltem Wasser die Rückseite des ersten Beines langsam von unten nach oben hin ab bis knapp über die Hüfte, dann die Vorderseite. Den Vorgang bei jedem Bein zwei Mal wiederholen. Zum Schluss die Fußsohlen abspülen, das Wasser mit beiden Händen abstreifen und mit feuchten Beinen zurück ins Bett gehen.

Weniger einschneidend ist eine sanfte Waschung mit einem kalten Waschlappen. Auf dem Rücken liegend streicht man im Uhrzeigersinn fünf Mal mit dem kalten Lappen um den Bauchnabel herum. Je nach Bequemlichkeit kann man dabei die Beine aufstellen oder die Knie anziehen. Danach den Waschlappen wenden, sodass die kältere Seite auf dem Bauch liegt. Wieder fünf Mal kreisen. Insgesamt 20 Mal. Beide Anwendungen stimulieren vagotone Nachschwankungen im vegetativen Nervensystem, aber das hört sich viel komplizierter an, als es ist: Der leichte Schreck stimuliert den Sympathikus (einen Nerv des vegetativen Nervensystems), aktiviert den Körper also zunächst, doch wie bei einem Pendel schwingt der Reiz zurück zum Parasympathikus und hilft uns dann beim Entspannen.

Hilfe aus der Gartenapotheke

Kräuterfrau Simone Schalk, Inhaberin einer Kräuterschule im Harz, schwört auf die schlaffördernde Wirkung von Pflanzen wie Hopfen, Melisse, Baldrian oder Lavendel. Ein Tee aus Hopfenzapfen beruhigt, ebenso Melisse, die gleichzeitig auch ein leichter Krampflöser ist. Baldrianwurzeln entspannen die Muskeln, sollten jedoch in der Schwangerschaft gemieden werden. Lavendel tut gut, wenn der Schlaf durch Magenbeschwerden gestört wird.

Wer mitten in der Nacht aufschreckt und nicht wieder einschlafen kann, sollte einen Teelöffel Hopfenzapfen mit 100 Milliliter Milch kurz aufkochen, fünf Minuten ziehen lassen und mit Honig gesüßt genießen.

Als Einschlaf- beziehungsweise Durchschlaftee empfiehlt die Kräuterfrau ihre spezielle Mischung aus 10 Gramm Hopfenzapfen, 10 Gramm Baldrianwurzel, 10 Gramm Lavendelblüten und 15 Gramm Melissenblättern. Für eine Tasse Tee übergießt man einen Teelöffel der Mischung mit kochendem Wasser und lässt ihn ungefähr fünf Minuten beziehungsweise nach Geschmack ziehen. Am besten trinkt man den Tee langsam und genussvoll vor dem Zubettgehen.

Tipp Nr. 43: Setzen Sie sich klare Ziele

»Ohne klar definierte Ziele ist es schwer, Freude an der Tätigkeit zu haben, die man gerade ausführt«, schreibt der amerikanische Glücks- und Motivationsforscher Mihaly Csikszentmihalyi. Als die Menschen noch von der Jagd lebten, führt der Psychologe aus, und ihr Überleben ausschließlich von deren Erfolg oder Misserfolg abhing, konnten sie stundenlang ein Tier beobachten oder verfolgen, ohne sich dabei gelangweilt oder gestresst zu fühlen – einfach weil sie wussten, dass all diese Tätigkeiten das eigene Überleben sichern. Vieles, was Arbeitnehmer heute an ihrem Arbeitsplatz tun müssen, kommt ihnen dagegen sinn- oder zwecklos vor. Der direkte Bezug zum eigenen Leben fehlt beziehungsweise ist nicht mehr spürbar. Langeweile oder Stress können sich so viel schneller in den Berufsalltag schleichen und besonders am Montag demotivieren.

Deswegen ist es im Job – vor allem, wenn man gerade nicht besonders engagiert ist – sehr wichtig, sich mit Kollegen oder Vorgesetzten über die Nah- und Fernziele der eigenen Arbeit zu verständigen und zwar möglichst konkret. »Tun Sie Ihr Bestes« sagt nichts über die anstehenden Aufgaben, das Pensum oder die Arbeitsbedingungen aus. Besser ist es, statt allgemeiner Vorhaben oder guter Vorsätze die Aufgaben genau und realistisch zu formulieren: möglichst in Abstimmung mit den eigenen Kräften und Gegebenheiten, vielleicht sogar mit Zeitangaben und/oder Zwischenschritten. So sollten Sie festlegen, welches Arbeitspensum Sie pro Tag bewältigen können, welche konkreten Umsetzungsschritte Sie zu welchem Zeitpunkt planen und nach wie viel Tagen oder Wochen Sie erste Ergebnisse präsentieren und in welcher Form.

Hilfreich ist, sich mit einer Art »mentalem Training« auf die anvisierten Ziele einzustellen. Schließen Sie dazu Ihre Augen und malen Sie sich die Situation, die Sie erfolgreich erreichen oder meistern möchten, genau aus. Wenn Sie beispielsweise montags endlich einmal in Ruhe einen Überblick über Ihre Arbeit gewinnen wollen, statt gleich wieder im Stress zu versinken, stellen Sie sich genau das vor: In Ihrer Fantasie gehen Sie wie jeden Montagmorgen in Ihr Büro. Ausgeruht vom Wochenende, ruhig und sicher. Sie schauen sich Ihren vollgepackten Schreibtisch an, sehen den Anrufbeantworter blinken, atmen tief durch – und entscheiden sich bewusst dafür, den Anrufbeantworter blinken zu lassen und den Computer erst dann hochzufahren, wenn Sie die Termine für die kommende Woche in Ruhe gesichtet und koordiniert haben. Sie ordnen dazu das Zettelchaos, das Sie schon seit Tagen umgibt, und lassen sich dabei die Zeit, die Sie brauchen. Mit jedem Blatt und jedem Projekt, das Sie einordnen, werden Sie zufriedener. Nach ein oder zwei Stunden konzentrierter Arbeit ohne Telefon- oder E-Mail-Unterbrechung gönnen Sie sich einen Kaffee, halten inne und entscheiden ohne jeden Druck, was jetzt sinnvoller ist: weiter an der Planung beziehungsweise dem Wochenüberblick zu arbeiten oder die Arbeit daran zu unterbrechen, um die wichtigsten Anrufe und E-Mails zu beantworten. Malen Sie sich in allen Einzelheiten aus, wie Sie diese Entscheidung in aller Ruhe fällen – ohne sich von dem Stress, der Sie üblicherweise beeinträchtigt, irritieren zu lassen.

Je öfter, je konkreter und positiver Sie sich Ihre Ziele ausmalen, desto leichter werden Sie später Ihre in der Fantasie vorgestellten Handlungen auch in die Tat umsetzen, wenn es darauf ankommt.

Tipp Nr. 44: Entdecken Sie Ihre Neugier wieder

Am Montagmorgen scheint Ihnen die Welt nur grau und trist, langweilig und deprimierend? Vielleicht liegt es daran, dass Sie Ihre Entdeckungsfreude verloren haben. »Curiosità« – die Neugier auf das Leben und ein Verlangen nach fortwährendem Lernen ist das erste geistige Prinzip, das Leonardo da Vinci formulierte. Tatsächlich ist Neugier ein starker innerer Motor, das kann man an Kindern jeden Tag aufs Neue beobachten: »Wieso machst du das?« – »Warum kann ich noch nicht ...?« – »Wer hat gesagt, dass ...?«

Da sich unsere Umwelt ständig wandelt und verändert, müssen wir Menschen in der Lage sein, auf diese Veränderungen positiv zu reagieren und sie zu verarbeiten. Wir müssen unser Denken, Fühlen oder Verhalten an verschiedene Situationen anpassen können, um so unser Leben zu sichern. Damit das bestmöglich gelingt, hat die Natur uns Menschen ein fundamentales Bedürfnis nach Erfahrung und Weiterentwicklung geschenkt – die Neugier. Von klein auf bis ins hohe Alter wollen wir neue Erfahrungen sammeln. Wir wollen herausgefordert, angeregt oder unterhalten werden. Neugier an einer Sache ist aber nicht nur der beste Treibstoff, auf Dinge aufmerksam zu werden und sie anzupacken, sondern auch, sie mit Interesse zu Ende zu führen. Müssten wir unser Leben ohne jede Anregungen oder Aktivitäten fristen, würden wir verkümmern.

»Als Kind ist man neugierig, aber wenn man erwachsen wird, vergräbt man die Neugier«, sagte der Münchner Physik-Nobelpreisträger Theodor W. Hänsch in einem Interview und wies darauf hin, wie wichtig es ist, sich diese kindliche Neugier zu bewahren. Seine Begründung: »Eine Antwort zu finden auf eine

Frage und etwas zu erkennen – das kann eine Quelle sehr großer Freude sein. Wenn man dafür nicht mehr empfänglich ist, hat man viel aufgegeben.«

Vielleicht können auch Sie wieder mehr Neugier bei der Arbeit entwickeln: Was für ein Mensch ist wohl die neue Kundin, die mir da gegenübersteht? Kann ich erraten, was sie möchte? Welche aktuellen Impulse bestimmen gerade die Trends in unserer Branche? Welche neue Ideen oder Erfindungen könnten die Arbeit einfacher machen?

Eine gute Möglichkeit, die Neugier wieder anzufachen, besteht darin, sich aktiv um die eigene Weiterbildung zu bemühen. Erste Ansatzpunkte finden Sie beim »Deutschen Institut für Erwachsenenbildung« – unter *www.die-bonn.de/checkliste* kann man sich kostenlos das Faltblatt »Wie finde ich die richtige Weiterbildung?« mit vielen guten Tipps, Adressen und Links herunterladen.

Tipp Nr. 45: Stellen Sie sich auf Ihren Mini-Jetlag ein

Das Schönste am Wochenende ist doch, dass man abends ohne schlechtes Gewissen länger aufbleiben oder weggehen kann, weil am nächsten Morgen nicht der Wecker klingelt! Wir können so richtig einen draufmachen und dann ausschlafen. Herrlich! Was uns nicht so ganz klar ist: Wir weichen damit um einige Stunden von dem Schlaf-Wach-Rhythmus ab, an den unser Körper von montags bis freitags gewöhnt ist. Da ist es nämlich so, dass in der Regel zwischen drei und vier Uhr morgens das Stresshormon Cortisol ausgeschüttet wird, bis es kurz vor Tagesanbruch seinen höchsten Pegel erreicht hat und wir aufwachen – so erklären es uns Schlafforscher wie der Biopsychologe Jürgen Zulley, Leiter des Schlafmedizinischen Zentrums Regensburg (*www.schlaf-medizin.de*).

Da unser Körper klug ist, registriert er unser Dolce Vita am Wochenende sofort und reagiert entsprechend darauf, indem er die Cortisolausschüttung um einige Stunden nach hinten verschiebt. Geht dann am Montagmorgen wieder die Woche mit dem Weckerklingeln los, wird unser Körper kalt erwischt, denn »er« schläft noch, während wir verzweifelt versuchen, wach zu werden. Und er schläft oft auch dann noch, wenn wir uns bereits auf den Weg in die Firma machen oder an unserem Arbeitsplatz eingetroffen sind. Eine Art Mini-Jetlag, der unvermeidbar ist. Es sei denn, man hält sich auch am Wochenende akribisch an die Schlaf- und Wachzeiten, die man unter der Woche pflegt. Aber wer möchte das schon – es sei denn, am Montagmorgen steht ein lebenswichtiger Termin an?

Da ist es doch viel realistischer, sich wie bei einer großen Reise von vornherein auf den Jetlag einzustellen – und einvernehmlich mit ihm in die neue Woche zu starten, ohne sich über die eigene, zugegeben nicht ganz optimale Verfassung zu ärgern. Vielleicht noch etwas müde und verkatert, aber dafür erfüllt von den lustigen Partys, von neuen Eindrücken, langen Nächten, späten Frühstücken… kurzum: von einem wunderbaren Wochenende! Mal ehrlich, da nimmt man so einen Mini-Jetlag doch gern in Kauf.

Tipp Nr. 46: Perfektionismus ade

»When too perfect, lieber Gott böse!« – so das Credo des Videokünstlers Nam June Paik. Tatsächlich tut Perfektionismus den Menschen selten gut, sondern erzeugt eine Menge Stress (weil man so gut wie nie fertig mit der Arbeit ist) und macht einsam (weil man anderen nicht zutraut, etwas so gut zu können wie man selbst). Es gibt also mindestens drei gute Gründe, sich vom eigenen Perfektionismus zu verabschieden. Aber wann ist der richtige Zeitpunkt dazu? Zum Beispiel, wenn Sie über die Anforderungen in Ihrem Job am liebsten nur noch jammern würden – und das nicht nur am Montag. Wenn Sie sich ständig gestresst, aufgewühlt, nervös oder überfordert fühlen. Oder wenn Sie mit den Ergebnissen Ihrer Arbeit chronisch unzufrieden sind.

Belastungssituationen wie die eben genannten gehen nämlich oft mit Perfektionismus einher oder werden dadurch verschärft. Da hilft nur eins: LOSLASSEN! Erlauben Sie sich selbst und anderen, ab und zu mal einen Fehler zu machen. Seien Sie weniger streng mit sich und Ihren Kollegen. Lachen Sie ab und zu mit, statt weiter dienstbeflissen auf Ihren Bildschirm zu starren. Tun Sie jeden Tag mindestens eine Sache, die nicht vollkommen ist.

Erfahrene Unternehmensberater wissen darüber hinaus: Wer seinem Job behalten will, sollte weder zu viel noch zu wenig leisten. Denn was hilft es, eine Sache hundertfünfzigprozentig abzuliefern, wenn Kunden nicht bereit sind, auch hundertfünfzig Prozent einer Leistung zu bezahlen?

Wer es schon einmal geschafft hat, eine belastende Situation hinter sich zu lassen, der weiß aus Erfahrung: Der innere Druck lässt sofort nach und jedes noch so kleine Stückchen mehr Gelassenheit verspricht gute Chancen, neue Kraft zu tanken. Loslas-

sen, statt alles bis ins Letzte kontrollieren zu wollen, kommt gesunden Arbeitsbeziehungen zugute und wirkt in ungesunden Situationen wahre Wunder. Es bedeutet zu akzeptieren, dass man in seinem Job nicht alles und jeden kontrollieren kann. Und dass sich bestimmte Dinge im Berufsleben nicht erzwingen lassen. Der Theologe Reinhold Niebuhr hat diese Erkenntnis auf den Punkt gebracht: »Gott gebe mir die Gelassenheit, Dinge hinzunehmen, die ich nicht ändern kann, den Mut, Dinge zu ändern, die ich ändern kann, und die Weisheit, das eine vom anderen zu unterscheiden.«

Tipp Nr. 47: Checken Sie Ihr Arbeitstempo

Beantworten Sie doch mal die folgenden fünf Fragen spontan mit »ja« oder »nein«:

- Werden Sie ohne Uhr nervös?
- Sprechen Sie schnell?
- Essen Sie hastig?
- Sind Sie ungeduldig?
- Brauchen Sie öfter mal Abwechslung oder eine Pause?

Wenn Sie alle oder die meisten Fragen mit »ja« beantwortet haben, brauchen Sie »Tempo« im Berufsleben und ebenso schnelle Entscheidungen, um sich wohlzufühlen. Das gilt auch für den Montagmorgen. Mit anderen Worten: Nicht für jeden ist ein entspannter Einstieg in die neue Arbeitswoche das beste Mittel gegen den Montagsblues. Manche Menschen brauchen einfach eine gewisse »Betriebstemperatur«, um gut und effektiv arbeiten zu können. Überlegen Sie deshalb sorgfältig, ob Ihre Arbeitsbedingungen und Ihr Tagesablauf Ihrem individuellen Tempo entsprechen und was Sie eventuell an Ihren Routineabläufen ändern können, damit es Ihnen besser geht.

Haben Sie immer oder meistens mit »nein« geantwortet? Dann brauchen Sie eher Zeit und Ruhe – gerade am Wochenanfang. Für Sie ist wichtig, mit anstehenden Aufgaben stets früh genug zu beginnen. Sorgen Sie durch klare Tagespläne und Strukturen dafür, dass Sie diese Zeit auch haben. Für Sie wird es gewiss hilfreich sein, schon mit der ausklingenden Woche möglichst konkret zu überlegen, welche Aufgaben und Projekte Sie am Montag angehen wollen.

Tipp Nr. 48: Nehmen Sie den Wochenstart möglichst leicht

Der Einstieg in die neue Woche gelingt besser, wann man als Erstes etwas zu tun hat, das einem besonders leicht fällt. Deshalb steht hinter diesem Tipp die Frage: Was an Ihrem Job macht Ihnen viel Spaß? Welche Aufgaben erledigen Sie besonders schnell und gut? Ist Kommunikation Ihre Stärke: Dann könnten Sie den Montagvormittag zum Beispiel mit verschiedenen Telefonaten, einem Meeting oder dem Beantworten von E-Mails verbringen. Sie genießen Termine außer Haus? Wer sagt, dass diese nicht auch auf einen Montag gelegt werden dürfen?

Überlegen Sie also zunächst, welche Arbeiten Ihnen locker und ohne großen Energieaufwand von der Hand gehen. Falls Sie sich mit einer solchen Selbsteinschätzung schwertun, gehen Sie in Ihren Gedanken in die vergangenen Wochen zurück – gegebenenfalls mit Hilfe Ihres Terminkalenders – und versuchen Sie so, die positiven Seiten Ihrer Arbeit herauszufiltern. Sie kommen allein nicht weiter? Sprechen Sie Ihren Partner oder Ihre Partnerin, eventuell auch Freunde, Verwandte oder Kollegen auf das Thema an. Sie werden überrascht sein, wie gut Ihre Umwelt Sie kennt.

Machen Sie dann, bevor Sie am Freitag das Büro verlassen, einen konkreten Plan für den nächsten Montag. Schreiben Sie eine persönliche To-do-Liste und zwar ausnahmsweise einmal nicht mit den eiligsten, dringendsten oder schwierigsten Aufgaben für die neue Woche, sondern mit möglichst leichten, angenehmen Aufgaben – ob Sie so die erste Stunde des neuen Montags planen, den Vormittag oder den ganzen Tag, das entscheiden Sie.

Tipp Nr. 49: Werfen Sie Ballast ab

An jedem Montag schleppen Sie sich lustlos an Ihren Arbeitsplatz? Schon am Sonntagnachmittag bekommen Sie Bauchschmerzen, wenn Sie an die kommende Wochen denken? Selbst wenn einem eigentlich klar ist, dass man unter einer belastenden Situation im Beruf leidet, schafft man es manchmal nicht, sich aktiv um eine Verbesserung zu kümmern. Zu groß ist der Sog der Routine, oftmals verbunden mit totalem Zeitmangel. Leistung ist gefragt, der Job geht vor – und Sie leiden. Aber glauben Sie ernsthaft, dass sich daran etwas von allein ändert? Vermutlich nicht, denn es wird andere geben, die von Ihrer Belastung profitieren und deshalb gar kein Interesse daran haben, Sie freiwillig mit weniger Arbeit oder weniger Problemen zu überschütten.

Vielleicht sollten Sie sich als Erstes einmal fragen, was Sie in Zukunft tun müssen, damit sich an Ihrer unbefriedigenden Situation auf gar keinen Fall etwas verändert. Wie könnten Sie Ihre Belastung sogar noch verschlimmern? Und wie könnten Sie es schaffen, wegen Ihrer Überarbeitung auf jeden Fall zu scheitern und krank zu werden? Vergleichen Sie doch aus Spaß einmal Ihre Antworten auf diese Fragen mit dem Arbeitsverhalten, das Sie zur Zeit tatsächlich an den Tag legen. Wo liegen Unterschiede? Und gibt es auch Gemeinsamkeiten?

Eine andere Möglichkeit ist, einmal zu überlegen, was die Kollegen in der Firma wohl über Sie sagen oder denken? Gelten Sie als freundlich, aber zu gutmütig? Als fachlich kompetent und ein wenig farblos? Fleißig oder faul? Als schwieriger Mensch? Teamorientiert oder rücksichtslos und egoistisch? Falls Sie jetzt feststellen, dass Ihnen kaum etwas Konkretes einfällt, erinnern Sie sich daran, was vielleicht schon in Ihren Arbeitszeugnissen steht, was andere Ihnen als Rückmeldungen, in freundlichen oder kritischen Worten, am Arbeitsplatz entgegengebracht haben. Gibt es da etwas, das Ihnen gefällt? Und was stört Sie? Ergreifen Sie jetzt die Gelegenheit beim Schopf und erfinden Sie sich neu! Überlegen Sie, was man in Zukunft über Sie sagen und denken soll.

Hier sind noch einige Fragen, die Ihnen helfen können, wirklich etwas an der belastenden Situation zu verändern – mit anderen Worten: Ballast abzuwerfen.

1. *Wie ernst nehmen Sie Ihren persönlichen Veränderungswunsch beziehungsweise wie lange schieben Sie diesen Wunsch schon vor sich her?*
   Legen Sie mit einem Datum fest, ab wann Sie zum Beispiel bereit sind, einen Gesprächstermin mit Ihrem Vorgesetzten zu vereinbaren oder Ihrer Arbeit weniger Raum zu geben (indem Sie zum Beispiel Ihre Überstundenzahl um die Hälfte reduzieren), damit Sie und Ihr Privatleben mehr Raum (oder überhaupt wieder einen Raum) bekommen. Wenn nicht ab sofort, ab wann dann?

2. *Falls Sie Ihre Arbeitszeit reduzieren wollen – wo und wie können Sie sich Rückhalt holen?*
   Kommen bestimmte Kollegen in Frage, die ihr eigenes Arbeitsverhalten vielleicht aufgrund einer persönlichen Krise verändert haben? Kennen Sie jemanden, der mit gutem Beispiel vorangegangen ist und Ihnen eventuell Tipps geben kann? Gibt es jemanden, der ein Interesse haben könnte, Sie strategisch klug zu beraten? Falls Ihnen die Umsetzung Ihres Wunsches sehr schwerfällt, können Sie auch Unterstützung bei einem Coach suchen.

3. Wollen und können Sie eine Pionierin oder ein Pionier Ihrer Branche (oder Abteilung) sein, der anderen zeigt und vorlebt, dass 50 bis 70 Arbeitsstunden pro Woche auf Dauer absolut ungesund sind und die Arbeit deshalb umorganisiert werden muss? Vielleicht finden Sie in der Firma oder in einem Berufsnetzwerk Verbündete, die ähnlich denken wie Sie.

Tipp Nr. 50: Setzen Sie auf Montagslust statt Montagsfrust

Wenn sich der Montagsfrust einmal wieder besonders lähmend an Ihrem Arbeitsplatz breitgemacht hat, sollten Sie aktiv werden und versuchen herauszufinden, woran das liegt. Wirtschaftspsychologen nennen als Hauptfaktoren der Demotivierung am Arbeitsplatz vor allem Ungerechtigkeit, Kritik oder Tadel vor anderen, Langeweile, Überforderung, fehlende Informationen, fehlendes Feedback, mangelnde Selbstbestimmung und geringe Beteiligung an Entscheidungen sowie die Erzeugung falscher Erwartungen.

Kommt Ihnen irgendetwas davon bekannt vor? Dann sollten Sie sich die Erkenntnisse des »Super-Motivation-Ansatzes« von Dean R. Spitzer zunutze machen. Der amerikanische Sozialpsychologe stellte in den neunziger Jahren die These auf, dass »alles hoch motivierend sein kann, wenn es innerhalb eines motivierenden Kontexts abläuft«. Mit anderen Worten: Findet man die eigene Arbeit gerade nicht so spannend, so muss man ihr etwas Motivierendes hinzufügen, um wieder mehr Lust auf den Job zu bekommen. Zudem legte Dean R. Spitzer gleich noch eine Liste mit zehn verschiedenen Handlungen dazu, die eine Situation nachträglich motivierender machen. Vielleicht ist ja die eine oder andere Idee für Sie dabei?

- Aktion – die aktive Teilnahme am Arbeitsprozess (ob physisch oder mental) wirkt aktivierend.
- Spaß – Humor und Überraschungen aller Art können neues Interesse wecken.
- Abwechslung – nutzen Sie bei Ihrer Arbeit unterschiedliche Reserven, variieren Sie (falls möglich) die Tätigkeiten.

- Auswahl – legen Sie möglichst selbst fest, wie Sie die Arbeit erledigen wollen.
- Interaktion – Arbeit im Team kann ungemein beflügeln.
- Fehlertoleranz – Irren ist menschlich, Fehler machen sollte erlaubt sein.
- Erfolgsmessung – überprüfen Sie regelmäßig, ob Sie sich persönlich verbessern (zum Beispiel neue Erfahrungen sammeln, schneller werden, Rekorde aufstellen, Routine entwickeln ...).
- Rückmeldung – darum dürfen und sollten Sie Kollegen und/oder Chefs ruhig bitten, damit Sie wissen, ob Sie mit Ihrer Arbeit richtig liegen.
- Herausforderung – ideal, wenn die Arbeit nicht langweilig ist; zur Not sollte man sich eigene Ziele setzen, um den Job herausfordernd zu gestalten.
- Anerkennung – wenn andere oder wir selbst uns loben, steigt die Motivation.

Bleiben Sie am Ball – der nächste Montag kommt bestimmt!

Und schließlich ist er da, der nächste Montag – und mit ihm der Blues in seiner vollen Größe, miesepeterig wie eh und je. Alle guten Tipps, Ideen und Vorsätze scheinen an ihm abzuperlen wie klare Regentröpfchen an einer schlecht geputzten Fensterscheibe. Und nun? Jetzt ist es an Ihnen herauszufinden, warum Sie mit Ihrem frisch gewonnenen Elan gescheitert sind. Erfahrungsgemäß gibt es drei Hauptursachen, die es einem immer wieder schwermachen, das Verhalten erfolgreich zu verändern, obwohl man es so gern täte.

Zeitmangel Das Problem: Man hat einen tollen Plan, aber schaufelt sich im Alltag einfach nicht genug Raum und Zeit frei, um das Neue wirklich in das eigene Leben hineinzulassen. Irgendwie hat man erwartet, dass würde einfach so nebenbei funktionieren … Aber genau so läuft es leider nicht, viele gute Vorsätze gehen im Alltag einfach unter. Hören Sie auf damit, sich gerade am Montag selbst unermüdlich anzutreiben – noch mal dies erledigen, noch eben das auf den Weg bringen, mal kurz, mal schnell, und und und. Lassen Sie stattdessen Raum für gewünschte Veränderungen am Arbeitsplatz – und planen Sie mindestens drei konkrete Handlungen zur Umsetzung ein, am besten mit einem festen Termin!

Zu viel Disziplin Das Problem: Die meisten Menschen glauben, einen guten Vorsatz kann man nur durch ein besonders strenges Regiment umsetzen. Sprich: Wir versagen uns alles, was wir bisher gemacht oder getan haben, und verzichten dabei auf zu viele vertraute Dinge. Dabei sind wir so streng mit uns selbst, dass wir unser neues selbst verordnetes Anti-Montagsblues-Programm maximal eine bis zwei Wochen aushalten – und dann schlagen wir doch wieder die altbekannte Bahn ein. Da hilft nur eins: weniger Kontrolle, mehr Vertrauen und Gelassenheit!

Chronische Unzufriedenheit Das Problem: Egal, was man schon geschafft hat – man ist doch nicht zufrieden mit dem Ergebnis beziehungsweise mit sich selbst. Das führt zum einen dazu, dass man sich immer viel zu viel vornimmt, anstatt erst einmal bei einem Schritt oder einer kleinen Sache zu bleiben. Und zum anderen bleibt bei chronischer Unzufriedenheit fast immer die eigene Motivation auf der Strecke: Warum soll ich mich weiter abmühen, wenn ich mit dem Ergebnis doch nicht glücklich bin? Da hilft nur: lernen, auch kleine Erfolge anzuerkennen. Freuen Sie sich darüber, dass Sie schon dabei sind, den Montagsblues abzuhängen – Sie beschäftigen sich ja schließlich schon ausgiebig mit dem Thema!

Vielleicht haben Sie nun eine Ahnung davon, was Sie am Durchhalten hindert – in Zukunft können Sie also darauf vorbereitet sein. Machen Sie einen Plan, wie Sie damit umgehen wollen, falls Sie wieder in eine ähnliche Situation geraten, dann sind Sie nämlich beim nächsten Mal vorbereitet und können besser am Ball bleiben.

Falls Sie sich jedoch trotz aller Tipps und bester Vorsätze weiter von Woche zu Woche quälen und montags mit schwerem Herzen zur Arbeit schleppen, stets von dem Gefühl begleitet, das wahre Leben finde erst wieder am kommenden Wochenende statt – dann ist es an der Zeit, darüber nachzudenken, ob Sie nicht etwas Grundsätzliches an Ihrem Arbeitsleben ändern sollten. Ist Ihr Job wirklich noch Ihr Job? Verspricht eine andere Firma, eine andere Branche, eine andere Position vielleicht mehr Zufriedenheit?

Vielleicht stellen Sie aber auch fest, dass Sie der richtige Mensch am richtigen Ort sind und nur einige Kleinigkeiten Ihre Arbeitszufriedenheit stören. Dann reichen oft schon ein paar Weichenstellungen, um den Montag in neue Bahnen zu leiten. Probieren Sie es aus, Sie können nur gewinnen – nämlich: Zufriedenheit, Lebenslust und Tatendrang! Nicht das Schlimmste für einen Montag, oder?

Tippverzeichnis

Register